おばぁたちの台所

金城笑子《きんじょうえみこ》 （笑味《えみ》の店 店主）

やんばるでつないできた 食と暮らしと言葉の記録

g

はじめに

こんにちは、金城笑子です。沖縄県国頭郡《くにがみぐん》大宜味村《おおぎみそん》で、沖縄料理のレストラン「笑味《えみ》の店」の店主をしています。

店をオープンしたのは平成2年。学校給食の栄養士として働いてい

た私が、その職を辞めて開店を決めたのは、大宜味村で暮らすおばぁたち、おじぃたちが、海や土の恵みを大切に生かしながら食べ、すこやかに暮らす姿に触れたのがきっかけでした。消えかかっているその知恵や、足元にあるささやかな食材を、次の世代に伝え残したいと強く思ったのです。

この本は、私が目にし、耳にしたおばぁ、おじぃの暮らしとごはん、そこから教わった大宜味村の食文化の記録です。

1章「海、畑とつながるおばぁたちの食卓」は、15年以上に渡っておばぁ、おじぃの家を一軒一軒

訪ね、食卓をともに囲み、日々のごはんと暮らしを聞き取ったもの。何十年とつくり、食べ続けてきた、よそゆきでない日常の食事です。

　2章「残したい、やんばる伝統の食材と料理」では、おばぁたちへの聞き取りや、日々の関わりの中で教わった、大宜味村の食文化を紐解きます。昔から使われてきた伝統食材と、その食材を生かす料理について紹介しています。

　3章「笑味の店という、食文化をつなぐ場所」は、私が食の道に進み、大宜味村で笑味の店を始めた経緯と、そこで実践してきたこと、そしてこれから目指すことを書き記しました。

大宜味村のおばぁ、おじぃの手が紡ぎ出す、自然の理にかなった豊かな食卓。そこには、これからを生きるための、小さな光があるように思います。この記録が、読んでくださる方の、日々の暮らしと食べること、つくることの手がかりになれば幸いです。

この本に登場するおばぁやおじぃ、私が暮らす大宜味村は、沖縄本島北部に位置します。隣接する国頭村（くにがみそん）、東村（ひがしそん）とともに「やんばる（山原）」と呼ばれ、総面積の７割以上が緑深い山々。目の前には美しい海が広がり、自然に恵まれた地域です。シークヮーサーや伝統産業の芭蕉布が特産品として有名ですが、なにより、高齢になっても元気に自立した生活を送る人が多く、「長寿の里」として世界的に知られています。

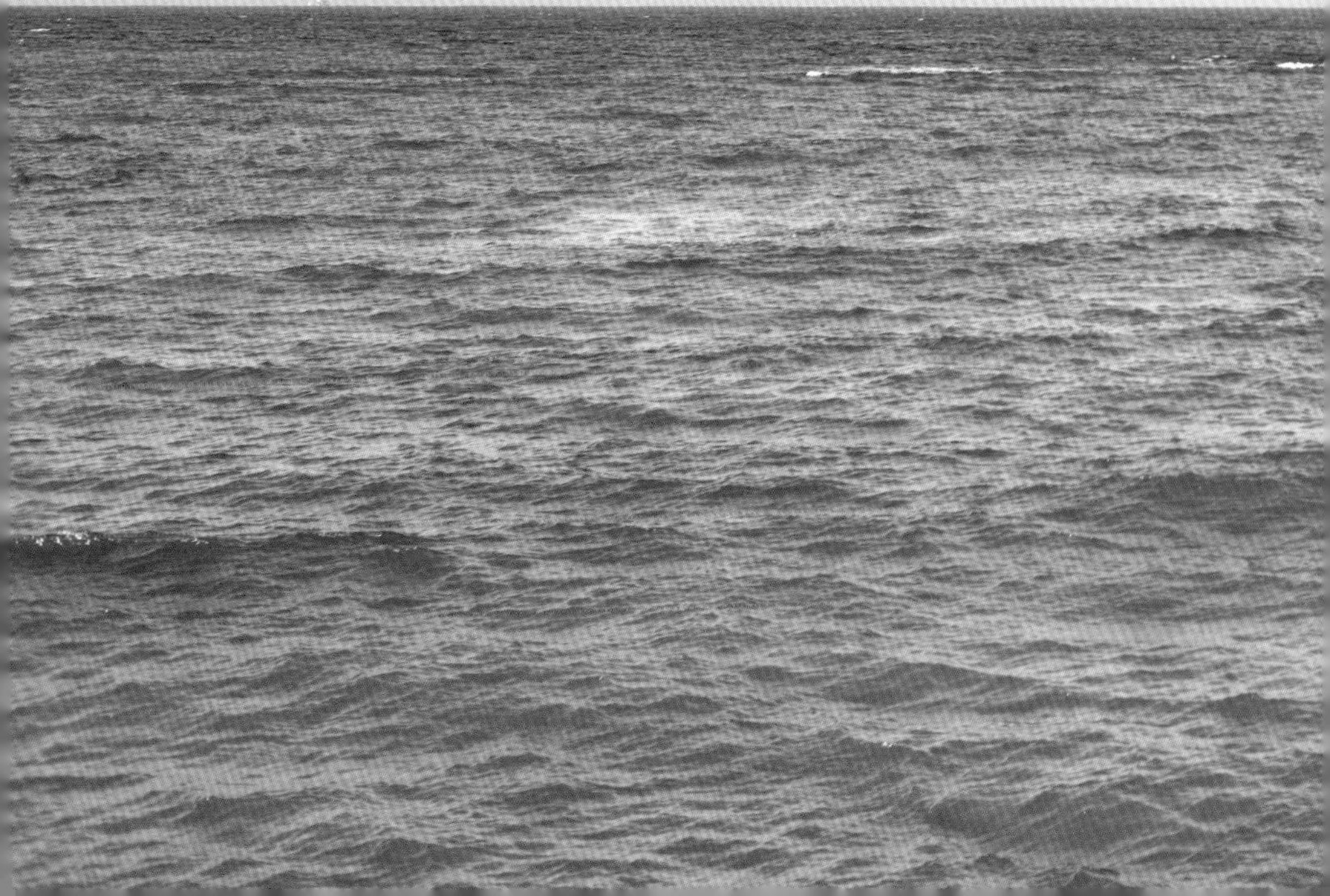

もくじ

＊年齢はお話をうかがった当時のものです。

2章

残したい、やんばる伝統の食材と料理…101

3章

「笑味の店」という、食文化をつなぐ場所…133

1章

海、畑とつながる

おばぁたちの食卓

ここでは、私が15年以上に渡って続けている、大宜味村の集落に暮らすおばぁ、おじぃたちの食生活の聞き取り（記録）を紹介します。

おばぁたちのつくる料理を見ていつも感じるのは、海や畑の自然の食材をうまく取り入れていること、そして自分が食べることより、家族や来客に満足してもらうのが優先だということ。おばぁたちの「カメーカメー（食べて食べて）」攻撃は、戦中戦後、食べものに恵まれなかったときの経験から「食べることが人間の一番の喜び」と信じている、その表れなのです。だから、誰かが突然訪ねて来ても、ちゃんともてなす――。

そんな「つくる」「食べる」「喜ぶ」というリズムによって、料理が引き継がれてきました。

南洋から引き揚げて故郷へ
女手ひとつでつないだ暮らし

山川《やまかわ》ハツさん
大正4（1915）年生まれ
お話をうかがったとき　93歳

自分でつくるのが楽しみ

よく食べ、よく話し、よく笑う。大正4年生まれのハツさんは、93歳だったこのときも、一軒家に一人で暮らしていました。

「一人暮らしだと、自分でつくらないといけないでしょ。このつくるというのが、楽しみだわけ」。

腰はしゃんとまっすぐで、部屋はいつでもきちんと整頓されています。男のように畑を動かすハタラチャー（働き者）で、畑を引退してからも、身の回りのことはすべて自分でやっています。なかでも料理は大好きです。この日も、おうちを訪ねると、煮物に和え物に、サラダに味噌汁……。料理がほとんどできあがっていました。「うんぱん（運搬）ー、うんぱんー」と、台所から料理を運んできてくれる様子を見るうち、こちらも愉快になります。

「私はね、気持ちがほがらかである

「昆布は煮るのは難しいが、厚いものがおいしいね。今日はツナが入っているからね、油入れなかった。おばぁはあんまり油入れないよ。黒砂糖よー、小さいのひとつ入れたよ」

いんげん豆は豆ごはんに。昔は自給していたという麦、粟、米。芋や芋の葉を入れて炊き、量を増やして食べたそう

よ。笑うのも、おしゃべりも好きだよ。あちこち痛いけど、死ぬときはそのときだっ！」。

とぅるばってはいけない

夫婦でパラオに出稼ぎに行っていたハツさんは、幼なじみだった夫を戦争で亡くしています。以来、夫の分まで働きに働く毎日。それは終戦後引き揚げてきてからも同じことでした。お姑さんと息子との３人暮らしで、麦や粟、米を育てながら一家を支えてきました。

「昔はね、ものも言えない人間だったよ。でも、家族の境遇がこうなった（夫を亡くし、その後息子も亡くした）もんだから、自分が死んではいけない、とぅるばって（ぼんやりして）はいけない、と心きりかえてね、頭きりかえてね、ジンブン（知恵）出して長生きしていこうと思ったよ」。

ある年のお盆、仏壇を拝みながら

「私を早く死なしたらね、あんたがた供養できないよー。ごはんもあげられないよ」と話しかけました。すると身体のあちこち痛いところが「ころっと治った。神も仏もいらっしゃる。自分の祖先が神様だよー」。

暇なときに煮ておく

「煮物は年中するよー。いつでもできるように、大根も昆布も暇のあるときに煮ておくんだよー。食べるときに味付けるんだよ」と出してくれたのは、大根、昆布、こんにゃくの煮物です。

　味噌汁に入っていたピーナ（イヌビユ）は道端や畑、山間で見かける野草です。繁殖力が旺盛で、畑の厄介者扱いされますが、ハツさんは「小さいときによく食べたよ。お浸しにしてもおいしいよ」と。だしをとった煮干し（きびなご）はそのまま具になりました。

　子どもの頃はどんなものを食べていたの？とハツさんに聞くと「とにかく野菜だね」。

「今のようにタマナ（キャベツ）や玉ねぎなんてなかったよー。かぼちゃの葉や、インガナ（ニガナ）、豆の葉……。ソテツもおいしかったよ。だけど、あれは川の水に何度も浸けて、毒を抜かして食べんとね。終戦後、農業知らない兵隊が知らんで食べて、大変だったよ」。

　サンマの缶詰も食卓にのっています。海のそばで生きてきたハツさんにとって、魚は欠かせないもの。手に入りづらいときのために、イワシやサバなどの缶詰は必ず買い置きをしています。生の肉や魚よりも安価で、野菜を料理するときのだしとして使ったり、そのままおかずにします。

ラジオは耳からの薬

「髪は真っ赤にしてからね、縮れてからね。腕も太くしてた。あれ、ブナガヤー（キジムナー）でないかーっと言って、逃げて来たらね、親に『草も刈らんで、薪もとらんで帰って来たか！』って怒られたよ」。

　キジムナーとは沖縄でガジュマルの木にすむと言われている精霊です。おばぁたちに話を聞くと、「見たことがある」と言う人がいます。

　運動はなんでも好きだから、テレビではスポーツ観戦が楽しみです。「世界のニュースとかね、新聞も見る」。

　近所の人が買ってきてくれたラジオは、自分で操作できるようになりました。「ラジオでもよく言ってるよ。苦しいことは語り合って、話せる人に話して、むこうを受け止めて、お互い晴れるようにって」。沖縄民謡の番組は、何時間でも聴いています。「ラジオがミミグスイ（耳からの薬）だね。ラジオとも笑うよ！」。

（取材：平成20年5月）

● ハツさんのある日のお昼ごはん

・大根と昆布とこんにゃくの煮物
・モーイ豆腐
（イバラノリの寄せ物）
・ピーナ（イヌビユ）と
豆腐の味噌汁
・ゴーヤーの卵とじ
・キャベツときゅうりのサラダ
・いんげん豆入りもちきびごはん
・サンマの缶詰
・トマト

・ゴーヤーの卵とじ

・いんげん豆入りもちきびごはん
さやいんげんを育てるとき、若いさやを食べ一部を残し、豆にして使う

・大根と昆布とこんにゃくの煮物、
サンマの缶詰、
モーイ豆腐（イバラノリの寄せ物）

その後のハツさん

新聞は虫眼鏡を使って隅々まで読むハツさん。家をいつ訪ねてもテレビかラジオがついていて、一人暮らしとは思えないにぎやかさを感じました。

平成27年に99歳で大往生。

手指の跡形に温かみがある その名もティーパンパン

平《たい》良《ら》節《せつ》子《こ》さん　大正5（1916）年生まれ
お話をうかがったとき　90歳

畑の芋と野菜を使って

ティー（手）でパンパンと平たくするから「ティーパンパン」。節子さんの得意料理のひとつです。

　この日は紅芋入りをつくりました。紅芋をふかして温かいうちに潰し、そこに水で耳たぶくらいのやわらかさに溶いたクジキン（クズウコン）のでんぷんと砂糖を混ぜ合わせ、手でパンパンと平たくしてフライパンで焼きます。すると、ムチムチとした食感と芋と砂糖の甘味が楽しめ、おばぁの手のぬくもりがかたちになったようなおやつができあがります。

　ソーミン（素麺）チャンプルーに入れたイーチョーバーとはウイキョウのことです。沖縄で広く栽培されていて、節子さんの畑でも腰ほどの高さに繁っています。胃腸と喉に良いと言われ、魚の臭み消しとして魚汁（魚の味噌汁）などによく使いますが、節子さんはソ

ティーパンパン。焼いたら完成

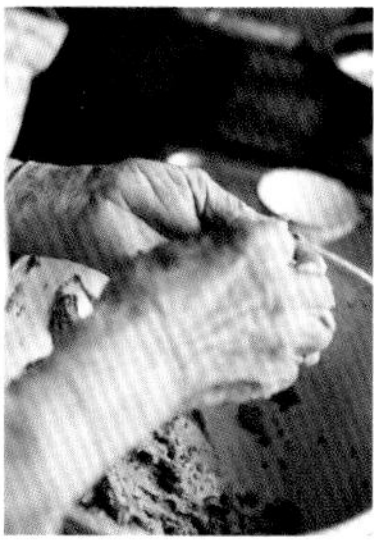

沖縄では胃腸と喉にいいと言われているイーチョーバー。喉越しが良く、胃に軽やか

「ゴーヤーチャンプルーには卵いくつ入れようね？ これだったら２つでいいかね。やっぱり３個入れようね。少ないとタラジ（不足）するよ。たくさんつくったらたくさん食べられるよー」。絶えず口も動かしながら、節子さんはゴーヤーを大胆に切っていった

ーミンチャンプルーにどっさり入れました。さわやかな香りが広がります。「子どもの頃、ソーミンを買っておいでと親に言われたら、踊りだしたいくらいに嬉しいことだったよ。アッチヤメグヮ！（みんなが集まって楽しい）」と、食卓にはたくさんの料理が並びました。

ずっと心にあるおばぁの言葉

節子さんは、8人きょうだいの次女として大宜味村の大兼久《おおがねく》集落に生まれました。80歳まで生きたおばあさん（節子さんの祖母）は、当時では大変な長寿でした。「人間ぬ（の）カーギヤ（外面は）カールヤンドー（皮だよ）。ククルド（心が）第一ドーヤー（だよ）」というおばあさんの教えは、節子さんの心に今もあります。

母親は朝4時に起きて豆腐をつくり、日中は畑仕事、夜は芭蕉布の糸つむぎ。

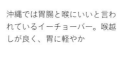

ゆっくり寝ている姿を見たことがありませんでした。子どもの頃の節子さんは、豚やヤギの世話、芋掘りに草刈り、薪拾いをして家族を助けました。

主食はもっぱら芋（さつま芋）です。学校に行くときは、布に芋を包んで弁当として持っていき、川のそばで川の水を飲みながら食べました。「芋の皮は1銭とか2銭で買う人がいたから、残しておいたよ」と言うように、食べるものは皮までも貴重でした。

毎日、海で、山で、大人も子どもも、食べものをかき集めることに必死な時代。友だちと一緒に畑から野菜を盗んだこともありました。ある日、よその家の木に登りみかんをとろうとして見付かった節子さんたち。叱られるのを覚悟して身をかたくしていると……。その家のおじぃは言いました。「みかんはとっていいからー。落ちないように、気を付けてゆっくり下りなさいよ」。衝撃の感情を、節子さんは今でも記憶にとどめています。

八重山から40年以上ぶりに帰郷

結婚、出産の頃は戦争の真っただ中でした。山奥に避難小屋をつくって一家で移り住み、食糧や塩漬けした豚、ヤギ肉を運んで暮らしました。いつもひもじく、「おなかいっぱいにごはんを食べられる日はなかった」と回想します。ソテツやフキ、ヘゴ（木生シダ）の芯、野イチゴ、川ガニなどを見付けては食べましたが、栄養失調になっておなかは張り、顔は真っ黒。夜になると目が見えなくなったこともありました。

戦後、帰還した夫が仕事を求めて那覇に移り、続けて一家で那覇に引っ越しますが、治安は悪く、どんなものでも盗まれてしまうような混乱ぶりでした。せめて泥棒がいないところへと、40歳のときに開拓移民として石垣島（八重山諸島）へ渡ります。

生後2カ月の末っ子を含め、7人の子どもを抱えた八重山の生活は、想像をはるかに超える過酷なものでした。車もバスも病院も無い。ジャングルを人力で切りひらき、畑に変えていくことから始めた暮らしでは、人の知恵と隣り近所との助け合いだけが頼りでした。マラリアの猛威やグロリア台風（昭和24年）などに幾度となく生活を覆されながら、生活改善グループの会長としても奮闘しました。養蚕にも精を出し、娘や孫にお手製の絹の着物やワイシャツを贈ったと言います。

平成10年、40年以上ぶりに大兼久に戻って来た節子さんは、82歳になっていました。夫が他界し、一人暮らしになった今も畑を続け、芭蕉布の糸つむぎを日課とする生活は、おだやかに見えます。集落の友だちとユンタク（おしゃべり）しながら、「やんばるは最高よ」が口癖です。

（取材：平成19年３月）

● 節子さんのある日のお昼ごはん

・ティーパンパン

・ハンダマ（水前寺菜）の
豆腐ウブシー（味噌仕立ての煮物）

・イーチョーバーのソーミンチャンプルー

・ゴーヤーチャンプルー

・チラガー（豚の顔皮）、
青パパヤー（パパイヤ）、
にんじんの炒め煮
・ハンダマ（水前寺菜）の
豆腐ウブシー（味噌仕立ての煮物）
・ティーパンパン
・イーチョーバーの
ソーミンチャンプルー
・ゴーヤーチャンプルー

チラガー（豚の顔皮）は節子さんの好物。プリプリとしたゼラチンが野菜とからみあい、しょうゆの風味が食欲をかきたてる。昔はどこの家でも豚を飼い、正月に潰し、塩漬けにしてカメに保存し、春まで食べたという

節子さんのこと

八重山では夜、ヤシの木に集まって来るヤシガニにタワシなどを噛ませておき、とって食べたそうです。節子さんからはそんな話をたくさん聞かせてもらいました。生活研究会のリーダーで、大宜味村に帰ってから、本島の生活研究会に所属していた私を「後押ししなければねー」と後輩のようにかわいがってくれました。

おしゃべりもごちそうのうち 釣った魚で囲む2人のごはん

山城《やましろ》イソさん
大正15（1926）年生まれ
お話をうかがったとき　82歳

前田《まえだ》サエ子さん
大正10（1921）年生まれ
お話をうかがったとき　87歳

話も尽きないお昼ごはん

87歳の今も、釣り竿を持って海に出かけるというサエ子さん。対照的に、洋裁が得意で、近所の人から服のリフォームや学校の発表会の衣装づくりを頼まれる、おしゃれで上品なイソさん。よく話が尽きないねーというくらい、2人は大の仲良しです。謝名城《じゃなぐすく》の集落で、坂の上の城（ぐすく＝昔、城があった所）に暮らすサエ子さんが、ふもとのイソさんの家に、毎日のように顔を出しています。行程は、行きはよいよい……の急坂200m。（坂の上り下りは）たいへんねーと言うのも、思うのも、周囲ばかりで、当のサエ子さんは、こうきっぱり。

「歩ける間は歩かないと損する！」。

この日、サエ子さんが釣ったグルクン（タカサゴ）を蒸してくれました。

グルクンは骨がいっぱいあるよ、大丈夫？と聞くと「骨も一緒に飲むん

イソさんはタピオカでんぷんとその原料となるキャッサバ（芋）の生産を長く続けてきた。家のそばにはマンゴーやアボカド、柿、コーヒーの木を植えた小さな畑があり、毎日見に行くそう

サエ子さんは自分の竿を何本も持ち、近隣はもちろん、村を北に抜けて「宜名真トンネルのあたり（のポイント）まで行く」

ださー。ワハハ。私は魚は手を使わんで、箸だけできれいに食べるよ。から揚げにすると骨ごと丸ごとおいしいよー」とサエ子さん。

一方、イソさんは「よかったねー。みんな、揃ってごはん。ふふふ。おばぁ味、おいしいねー。いつもこんなにたくさん食べることないよー」と、にこにこしながら、マイペースに、箸を進めていきます。よく働くのに小食で細身のイソさんですが、以前、診療所の先生に「骨と皮には病気がつかないと言われたから心配ない」と、ほがらかです。

今日のおかずを釣る

グルクンは5〜6月が特においしい。5月はヤンバルタケノコ（ホテイチク）の季節でもあるので、畑に出れば、雨が降ったら生えてくるヤンバルタケノコを思い、潮目を見ては海藻とりや釣りに行かなくてはと思い、この時期が一番忙しいとサエ子さんは言います。

釣りは粘り強さです。「時間で釣れるんだもん。普通は（水面下に）１ｍ50㎝くらい（針を）下ろしたら釣れるんだわ。だから、釣る人がどのくらい下ろしてるのかねーってよく見ているわけ。投げるのを見ておいて、ウキがまっすぐになるまで見たらわかる。『おばぁ、釣れない？ 浅いんだよー』と、教えてくれる人もいる。グルクンは魚じゃないって言って釣らない人もいる。青年は大物狙いだからね。だけど帰るまでに一匹も釣れないで、なにしに来るのかね。グルクンはおかずになるのにね」。

あまり買い物はしない、と言うサエ子さん。「自分たちでみんなとるんだから」。冬は仲間とマツナバー（きのこ）をとりに行くのが楽しみです。険しい道を上がったり谷底に下りたりしながら、山の奥に入るので、みんなでしょっちゅう声をかけあい、帰り道がわからなくならないように鋸と鎌で道を開いて印にします。マツナバーは小さいのをとってきて、「おつゆにしたら匂いがぷんぷんして、甘くてとってもおいしい！」。

朝5時には目覚めて6時には起きて、午前中は畑仕事。夏は暑いから、川でエビをとります。家でじっとしているのは夜のテレビの時間くらい。サッカーや野球、バレーボールなどスポーツ番組は「どんなしてでも観る」。

終戦までは東京を転々としてきたサエ子さんの子どもや孫たちの多くは、都会で暮らしています。

「都会に行けばやっぱりだめ。出かけるとこないのに。海に行きたけりゃ海に行くし、山には山の楽しみがある。だから家の掃除はしないで（笑）、年中出かけて道を歩いているから、働き者って言われるよ。だから健康。どこも痛いところはないからねー」。

仲良しコンビの顔が揃う

私が「笑味の店」で使う食材の中で、タピオカでんぷんとその芋（キャッサバ）、ヤンバルタケノコの調達では、イソさん夫婦にお世話になりました。キャッサバは1〜2月の寒い時期に加工し、でんぷんをとります。ひとつの芋が2〜4㎏にもなるため協力者が必要です。イソさん夫婦の片腕的な存在がサエ子さんでした。イソさんの長男が栽培していた菊の出荷も、サエ子さんがお手伝い。出荷や加工所が忙しくなると、仲良しコンビの顔が揃いました。

夫が亡くなった今では加工所を閉めましたが、イソさんは畑を続けています。畑の野菜でつくったおかずは、サエ子さんと分け合うことも。

サエ子さんが釣った魚と、イソさんの畑でとれた野菜。2人並んで台所に立つ姿は、姉妹のようでした。

（取材：平成20年７月）

● サエ子さん、イソさんのある日のお昼ごはん

- グルクン（タカサゴ）蒸し
- 魚汁
- ヤンバルタケノコとこんにゃくの煮物
- ヤンバルタケノコ、ゴーヤー、きゅうり、小魚の島らっきょう酢漬け
- もちきびごはん
- さつま芋とタピオカのアンダギー
- ミニマンゴー

茶碗の中はもちきびごはん。「おいしいやー。ごはんが最高おいしい！ これはね、かたく炊いたらおいしくないの。水を多めに入れてね、そうしたら、粘り気が出ておいしい」とサエ子さん

グルクンを蒸したときに出ただしに、チリビラ（ニラ）と味噌を入れて魚汁に仕立てていく

ヤンバルタケノコを「男どもはビールのつまみにと炭火で焼いて、キムチと食べるのが一番おいしいらしいよ」とサエ子さん

その後のサエ子さん、イソさん

102歳になったサエ子さん。息子や娘の住む埼玉県へ引っ越して、最初の電話で聞いた声は「元気よー。娘のだんなさんも優しくてねー。えみちゃん、忙しいでしょう。イソ、元気かね？」でした。

イソさんは娘が経営する施設に入所。友だちも何人か一緒で楽しく暮らしているようです。

料理をよくつくる人は長生きするはず。おばぁが長生きするのは、畑をしたり、料理をしたり、おうちのことを細かくするからだと思います。鍋の前にいて、おつゆを沸かしたり、味見したり、蒸気を吸い込んだりしながら、栄養をとっているのです

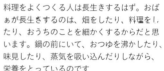

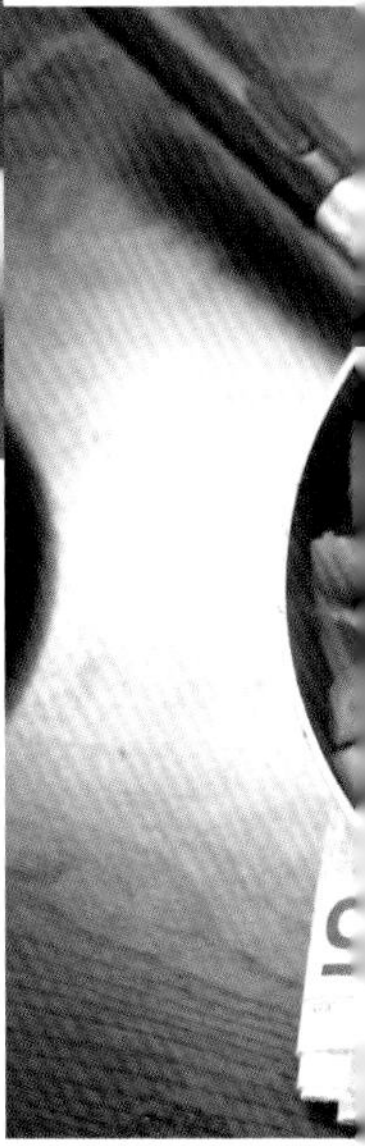

民宿をきりもりしてきたから
なんでもつくるのが好き

山川《やまかわ》　勝《かつ》さん
大正７（1918）年生まれ
お話をうかがったとき　90歳

芭蕉布の糸をつくる

「海の青さに　空の青
　南の風に　緑葉の
　芭蕉は情に　手を招く……」
の歌詞で始まる『芭蕉布』の唄。

沖縄各地で織られていた芭蕉布ですが、戦後、途絶えつつあったものを、大宜味村喜如嘉《きじょか》で平良敏子さん（人間国宝）が守りました（※）。

糸芭蕉を育てることから始まる芭蕉布づくりは、原木を剥いで繊維をとり出し、糸をつくり、撚《よ》りをかけ、絣《かすり》を結び、染め、そして織ります。その中で芭蕉の繊維を結んでつなぎ、糸にしていく苧績み（うーうみ）という作業は、おばぁたちの家仕事として残ってきました。勝さんの部屋にもある苧績みの道具。この年齢になっても、工房から仕事を請け負う「現役」です。

＊故・平良敏子さんが戦後に復興し、昭和49年「喜如嘉の芭蕉布」が国の重要無形文化財に指定される

勝さんが育てる葉野菜のシビラン（左）。右はハンダマ（水前寺菜／奥）と、このあたりでハワイマームと呼ばれる芋（手前）

勝さんのお姑さんが芭蕉布を織っていて、民宿の仕事の合間に引き継いだ。たくさんある着物をブラウスにリメイクして着ていた。「夏は涼しくてやめられないよ」

じゃが芋の植え付けをする勝さん

やんばる3村唯一の民宿

戦前、やんばる3村でたった一軒の民宿「三衆館」がありました。勝さんはその家に嫁ぎましたが、結婚して3カ月で夫は戦地へ。終戦までの8年を、義父母のもとでよく働きました。戦火で三衆館が焼失してしまったあとも、民宿「山川荘」をきりもりし、軍人や役人といった客たちをもてなしたと言います。商店も少なかった当時、塩やたばこなどの専売品も扱っていました。

生還した夫は村役場で仕事をするようになりました。勝さんは30代で5人の子どもを産み、育てます。その間も民宿という場で、さまざまな人のなかで生きてきました。

一番年上の一番バッター

民宿経営を引退してからも、ハタラチャー（働き者）であることに変わりはありません。夜、テレビを観ながら苧績みした糸を、朝5時に起きてから7時半まで、糸巻きするのが日課です。午前中はあちらこちらに点々とある畑を回って、作物の世話も欠かしません。この日も、「ちょっとお茶を」と誰かが立ち上がろうとすると、「だーだー、おばぁが淹れてくるよー」と、台所へ。

「うちの子どもたちなんかが来たら、『おばぁ座れー。自分たちなんかでやるー』と言うが、ならん！ おばぁは座らない。自分でなんでもつくって食べさせる。民宿してたからさ、つくりものが好き。買うものはあんまりないよ。みんな自家製でつくって、子どもや孫に持たせる」ときっぱり言います。

夕方のゲートボールも楽しみにしています。

「4時になれば必ずゲートボールしないと。えへへへ、一日の仕事、終わらないよ。毎日行くよ。私上手よ。若い人なんかに負けないよー。一番年上だから、一番バッター！」。

チーム戦のゲートボールでは、人を助けたり、蹴落としたり、駆け引きも必要です。頭も身体も使います。一人のためにチームが全滅することも……。責任を感じたり、助けてみんなに喜ばれたりと、なかなか深いのです。おばぁたちの健康長寿にひと役買っているような気がします。

人のなかで生きてきた

食卓に勝さんの得意料理が並びました。民宿・山川荘の名前が入った大きな器にはモーイ豆腐、小さいほうの器には、青パパヤー（パパイヤ）のチャンプルー。モーイ豆腐は、イバラノリという海藻を使った寄せ物で、行事にも出される郷土の味。庭に生えている青パパヤーのチャンプルーは、やんばるの家庭の味です。さらにデザートの完熟パパヤーのゼリーと、おやつにサーターアンダギーまで。山川荘のごはんどきが思い起こされるごちそうです。

民宿という人が行き交う場所で、長らく人づきあいを重ねてきた勝さんのもとには、昔ここに泊まったというお客さんや当時高校生で下宿をしていたという人がちょくちょく訪ねてきます。

「もう年とって、私がわからなくなっているがねー。こんなお客さん相手してもいるもんだからボケないねー」。

その後の勝さん

芭蕉布、料理、ゲートボール、海、畑……。勝さんの多彩な能力と動きは学ぶことばかりでした。7年前に大往生。

● 勝さんのある日のお昼ごはん

- 青パパヤー（パパイヤ）の
  チャンプルー
- モーイ豆腐
- ゴーヤーの漬物
- チンヌク（里芋）の甘辛煮
- サバのマース（塩）煮
  茹でシビラン添え
- もちきびごはん
- 完熟パパヤー（パパイヤ）ゼリー
- ハンダマ（水前寺菜）の
  ウサチ（和え物）

（取材：平成20年10月）

一人暮らしのおばぁ同士 三度の食事を一緒に食べる

大宜見《おおぎみ》 春《はる》さん

大正８（1919）年生まれ
お話をうかがったとき　88歳

沖縄のこんな料理がいい

煮物のほうが簡単？と尋ねると、春さんは「うん」とうなずきました。野菜は大きく切って、炒めて、そして煮る。最後に煮るという工程を加えるのがおばぁ流です。この日も、大根とにんじんとじゃが芋に三枚肉を加えた煮物、切り干し大根と昆布の炒め煮と、2品の煮物料理が並びます。

煮物の良いところは、次の日も食べられるところ。火を通すことで傷むのを防ぎ、新たな野菜を足して煮込めば、毎日ちょっと違う味も楽しめます。野菜も生よりたくさん食べられて、一人暮らしのおばぁにはもってこいです。

「月に一度、娘が外国の料理なんかを持って来るけど、食べきれないよ。孫も、おばぁに栄養つけさせよう、長生きさせようっていろんな食べものを持って来るけど、全然食べないから怒る。いつもけんか。ハハハ。やっぱり

皮をむいて塩をふっただけの茹で山芋が、春さんの好み

切り干し大根（上）を水でもどし、昆布と水から煮て、しょうゆ、油、そして「細かいかつおがいいかなー」と言いながらかつお節（粉末）を入れて、火を弱め、水がなくなるまで待つ。「ゆっくりゆっくり煮えたら、おいしくなるよー」

大根、にんじん、じゃが芋、三枚肉の煮物

沖縄のこんな料理がいい」。

湿度が高く、気温も本土ほど下がらない沖縄では、乾物をうまくつくることができません。水気が抜けずにカビたり変色してしまいます。昔はカマドの煙でいぶしてつくったようですが、今の暮らしにはカマドがありません。でも春さんは、冬のわずかな時期を使って上手に切り干し大根をつくっていました。これを切り昆布と合わせて炒め煮にしたものが、今日のイリチィー（炒め煮）です。

〝自分の暮らし〟を続ける

朝4時に起きて、5時になったらお茶を淹れて7時から散歩。春さんの家には、自らの手で生み出す、暮らしの音や匂いがあります。孝行者の子や孫がいますが、〝自分の暮らし〟を続けています。お互い一人暮らしのおばぁ友だちとは、三度のごはんを一緒に食べています。この日も「みんなと一緒に食べたらおいしいから、もう腹いっぱい」と言いながら、茹で山芋に何度も手を伸ばす食欲。「一日三度のごはんを食べてるから、上等!」と言うのは、戦争を体験しているからです。

　春さんは戦前、きょうだいを頼ってパラオに渡りました。そこで同郷だった夫と出会って結婚、開戦前に子どもたちを連れて大宜味村に引き揚げました。

「学校、役場に落とすつもりだったらしい爆弾が、隣の家に落ちて、わったーやー（私の家）飛ばされてだめになった。お店もない、お金もない（盗まれて）。食べるものもないし、子どもはごはん食べたいって泣くしね。人の畑からどろぼうしてね、米も盗んで、瓶に入れて、ついて、モミとって食べた」。生きるためには、手段を選べませんでした。

「海にアメリカー（アメリカ人）が爆弾落として、魚が死んで流れてきよった。貝やら魚やらたくさん寄ってたから、拾って食べたよ。クバ（ビロウ）かぶってね、しのんで行きよったよ」。

　そんな中、春さんは一度、米軍兵に捕まっています。「アメリカーが大きな箱にいっぱいのお菓子入れてきよったから、これを拾うと言って。やられる人もいた。私、長女をおんぶしたまま補導されて」。

「（米軍の）兵隊なんかのところでジョーシカー（女中）やって。おいしいのは食べられるけどね。お父さん（夫）は兵隊に行っていないから、大きいおじいが来て、孫だけでも連れて帰らせてくださいってお願いしてから」。米軍の通訳を通して、願いは聞き届けられました。「おやじ（夫）たちは戦争に行っていて、親も子も養わないといけないから許してくださいと言ったらね、『ベビーに持って行きなさい』ってビスケットくれたよ」。

大きなヒートゥ（イルカ）の肉も持たされて、家に戻った春さんですが「包丁はないし、でも親戚もみんな食べさせられるからって、鎌で割って、血だらけになって」と、笑顔を保ったまま話してくれました。

　でも「親も子も別々してよー。あわれ話はもうやりたくない」とぽつんと言って戦争の話をおしまいにしました。

（取材：平成20年２月）

● 春さんのある日のお昼ごはん

・大根、にんじん、じゃが芋、三枚肉の煮物
・切り干し大根と昆布のイリチィー（炒め煮）
・とろろ山芋
・茹で山芋
・山芋とチリビラ（ニラ）の炒め物

「孫たちがたくさんできて、結婚もして、おばぁを喜ばせる」と春さん。でも孝行者の子や孫と同居はせず、一人暮らしを続けている。なぜなら春さんには自分なりの暮らしのかたちがあるから

その後の春さん

春さんは奥島菊江さん（52ページ）の母・奥島ウシさんの妹で、ウシさん宅の縁側で集まってお茶・ユンタク（おしゃべり）するグループの一人でした。長男が行事のたびに訪れ、家の周りの掃除とお仏壇のお参りをしています。

一日一回、雨でも通うみかん山 50ccバイクが長年の相棒

玉城深福《たまきしんぷく》さん　玉城《たまき》 文《ふみ》さん

大正5（1916）年生まれ
お話をうかがったとき　92歳

大正12（1923）年生まれ
お話をうかがったとき　85歳

96歳の現役ライダー

「きりり　96歳ライダー
　カジマヤーの玉城深福さん
　三輪バイクでパレード」

平成24年、「琉球新報」にカラー写真付きでこんな記事が載りました。写真には、カジマヤー（風車）と色とりどりのモールを飾り付けた三輪バイクの後ろに29歳の孫をのせ、片手をあげてお祝いの声にこたえる深福さんの笑顔があります。沖縄には数え年で97歳をお祝いするカジマヤーという行事があり、深福さんは大宜味村田嘉里《たかざと》集落で25年ぶりの男性のカジマヤーでした。多くの親戚が集まり、村道をパレードする大変な盛り上がりの中、皆に祝福されました。

同居している娘の三千代さんがつくってくれた昼ごはんにお邪魔したのは、その4年前。深福さん92歳、文さん85歳のときです。

部隊では学歴のある者が上。歳下の古参兵に「日本語を使えー！」とよくどなられた。だから戦後、自分の子どもたちには、ひんすー（貧乏）しても、土地を売ってでも「上の学校、行くなら行かすよー」と言った

アチコーコーのパイン

　田嘉里で生まれ育った深福さんは、20代で召集されて中国やソロモン諸島で戦争を経験し、30歳のときに大宜味村に帰還しました。同郷の文さんと結婚し、パイナップルやサトウキビの栽培、材木売り、ウナギの養殖、牛飼いなどをして生活します。小さい頃、畑の手伝いをうんとやらされたと言う三千代さんは「学校から帰って来たら、弟をおぶって、道なき道を歩いて畑へ行って。平らな道じゃないから、キビを担ぐのが大変でさ。子どもには難儀だったはず」と少しうらめしそうに話します。でも「水なんか持って行かないから、おばぁ（文さん）がパイン（パイナップル）の熟して出荷できないのを、鎌で切って、くれるわけよ。陽に当たってアチコーコー（熱々）してるけどね、おいしかった」。

　子どもたちが高校や大学に進学すると、現金収入を得るため深福さんは那覇に働きに出ます。定年の10年前からは週末ごとにバイクで約１００km離れた田嘉里に戻り、みかん山の手入れを始めました。そして定年を迎えた頃、シークヮーサーや温州みかん、タンカン、カーブチー（沖縄原産のみかん）などを出荷するようになりました。

一日一回は畑へ行く

　大宜味村はクガニ（黄金）と呼ばれるシークヮーサーの産地です。香り高く味も良く、黄色く熟した実の甘さに名護育ちの私は驚いたものです。深福

さんは「みかん（シークヮーサー）は食べておいしいし、好きだったよ。子どものとき庭に大きなシークヮーサーの木があって、学校から帰って来たら、木に登って腹いっぱい食べよったよ」と、幼少期から親しんできました。

「おじぃはとってもみかんがかわいいみたいよー。もうさ、一日一回みかん見ないとさ、暮らされないみたいよ」と笑う三千代さん。深福さんも「雨降っても一日一回は畑へ行く。カッパ着けて。仕事はしないが、畑見てよー」と返します。

深福さんは朝起きたら、庭先のテーブルで新聞を広げ、隅々まで読みます。8時に朝ごはんを食べて、9時には山へ。「みかん畑へ行ったら、みかんを3個か4個食べてから仕事をする」。10時のおやつは、好きなクリームパンなど。12時までに帰って来て、昼食。15時頃まで昼寝をして、足の不自由な文さんの代わりに共同売店へバイクで買い出しに行くこともあります。とにかく家にじっとしていられない。出かけるのが好きです。

一番おいしいものは塩

食べものに好き嫌いはなく、なんでもよく食べます。肉を好みますが、一番おいしいものは?と尋ねると、いつも深福さんは「塩」と答えます。戦争中、塩すらないという過酷な経験をしたからです。

「塩がなくなって、唐辛子をちぎって、おつゆに入れて食べた。口をごまかすだけ。自然とだるくなってよ。顔色も悪くなって、しだいに体力が弱ったよ」。

生き抜いて帰るため、戦地では塩焚き部隊を編成し、海水をドラム缶に汲んできては、夜通し焚きました。できた塩は「色は黒いさ。りっぱにアクをとれない関係だろうな」。

また、開墾をして稲や芋を自給自足し、油はヤシの実から搾りました。火縄を片手に持って泳いでいき、手榴弾やダイナマイトを使うという危険な漁で犠牲になる人もいました。

子や孫のために苗を植える

深福さんは7つの畑を持っています。「笑味の店」で年間使うシークヮーサー500kgは、深福さんが愛情と手をかけ、今は三千代さんが引き継いで育てている上等品です。

シークヮーサーは種を蒔いてから苗をつくり収穫できるまで9年ほどかかりますが、90歳を過ぎても、深福さんは種を蒔いています。「おじぃ何歳まで生きるつもりか?」と問われれば「生きる計画はしないさ。子や孫のために植えてるさ」。

そうしてまた愛車「カブ号」にまたがって、畑へと出かけていきました。

（取材：平成20年10月）

● 深福さん・文さんのある日のお昼ごはん

深福さんも、文さんも、よく箸が進んでいた。
ふだんの献立は一汁一菜が多い

- シブイ（冬瓜）の煮物
- ナーベーラー（ヘチマ）と島豆腐の味噌汁
- もちきびごはん
- ミートボール
- お彼岸の供え物
- フーチィーバームーチィー（よもぎ餅）
- シークヮーサー

島らっきょうの甘酢漬け

ミートボールは「味が強いね」
と文さん。濃い味は苦手なよう

その後の深福さん

平成28年９月20日の新聞「琉球新報」に"100歳の現役ライダー"として紹介された玉城深福さん。「みかんづくりを続けていたら、いつのまにか100歳になって自分でもびっくりしている」とコメントしていました。

現在107歳。食欲も旺盛で、特に肉が大好き。いつも前向きで目標を持ちながら、家からデイサービスに通っています。

村内放送でかかる曲『えんどうの花』に合わせていつも歌っているそうです。

畑仕事も料理も自分でなんでもやる100歳

平良《たいら》マツさん　明治41（1908）年生まれ
お話をうかがったとき　98歳

働き者のチリビラ

「共同売店へ行くより、畑のほうが近いから」。地下足袋を履き、手押し車と一緒にマツさんが毎日通う畑には、形も大きさもまばらに育ったゴーヤー、ナーベーラー（ヘチマ）、ハンダマ（水前寺菜）、インガナ（ニガナ）、シブイ（冬瓜）、青パパヤー（パパイヤ）などが育っています。さやいんげんは出荷もして収入を得ています。このとき、数えでちょうど100歳。

ウミンチュ（漁師）だった夫はとうに他界し、長く一人で暮らしています。村外にいる子や孫の話になると声に力が入りますが、「やんばるがいいよ。ここにはトートーメーもあるしさ。自分でなんでもやるから健康なんだよ」と、畑仕事に精を出します。

トートーメーとは、祖先やその位牌がまつられた仏壇のことです。祖先の霊魂を大切にする沖縄では、トートー

マツさんが寂しく思っていることがひとつ。「昔は夕方になったら浜辺に食べものを持っていって、みんなで夕涼みをしたね。今は誰もしないね」

上は島チシャの種をとるところ。島チシャは「豆腐と和えても、おつゆに入れてもおいしいよ」

メーの行事も多く、家を預かるおばぁたちはしきたりを大事にします。マツさんも毎朝、トートーメーにウートートー（拝み）し、お茶とともに黒砂糖を口に入れてから（おばぁたちはお茶だけでは飲まれないさと皆、口を揃える）一日を始めます。

　マツさんの畑では、島（シマ）チシャがウティミー（種が落ちて自然繁殖）しています。暑さや乾燥に強く、絶え間なく葉が出てくるので、終戦後も重宝されたと言います。家の庭に戦後すぐに植えてから、収穫してはまた伸び……を繰り返してきたチリビラ（ニラ）は、マツさんと同じく働き者です。

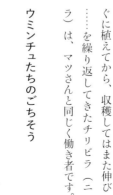

ウミンチュたちのごちそう

　マツさんの夫はウミンチュでした。海が荒れて漁に出られず、みんなで網を繕うようなとき、インガナズネー（ニガナの白和え）やお茶を出したと言います。

　たくさん魚がとれたときは、スルガー（ヤシの皮）で包んで海岸中に干しました。無駄にするものはなにひとつありませんでした。「夕方になったら浜辺に食べものを持って行って、みんなで夕涼みをしたね」と懐かしみます。「サメがとれたときは、大きな鍋におつゆにして、みんなに来なさいよーしたよ。お椀持って、芋持って、食べに来よったよ」。おつゆ以外だと「サメは相当コシがあるから、塩でもんで、泡を出しきるまでなんべんも洗って。味噌とシークヮーサーで和えて食べたよ」。生で食べると「酔う」状態になる人もいたそうですが、それでも「あれは一番のごちそうだったから、酔うとわかっていても食べた」。

　青いときの実を刺身や泡盛に搾って使うシークヮーサーは、ウミンチュたちが漁へ出るとき持って行きました。この柑橘は熟せばみかんのように甘く、魚を売りに行く女たちも携えて行きました。「一軒一軒、回ってね。イユー（魚）コーイミソーレ（買いませんか）と言ってね。山にシークヮーサーをとりに行って来てから、これも売りよった。よく売れたよ」。

　川辺で作業をするときは、芭蕉の葉を筒状に折って水を汲み、シークヮーサーの果汁を搾って入れて飲みました。子どもたちは遊んでいて喉が渇いたら、庭先のシークヮーサーの木に登って食べました。

100歳の一人暮らし

　マツさんはよく「笑味の店」にも寄ってくれます。「遠くからお客さんがいっぱい来るし、取材の人も来て、ユンタク（おしゃべり）して楽しいよ」。

　100年生きてきたのですから、苦しいことや辛いこともたくさん経験しているはずです。でも、マツさんは哀しい思い出話をあまり口にしません。昔話をしながら「いろんなことをしてみたねー」と、つぶやくように繰り返しました。

　ゲートボールもずいぶん楽しみましたが「もう若い人たちに任せて」引退しました。マツさんの言う若い人とは80代、90代のこと。今はラジオで民謡を聴いたり、テレビを観るのが楽しみで、朝になればまた畑に出かけ、泥と汗をお風呂で流します。昔も今も、マツさんの畑と食卓は、静かにつながっています。

その後のマツさん

このとき数えで100歳一人暮らし。朝夕、手押し車で畑へ通っていたマツさん。本島中西部の読谷村から頻繁に通ってきていた息子夫婦のところへ移り住むことはありませんでした。やっぱりやんばるはいいよね。

● マツさんのある日のお昼ごはん

・島（シマ）チシャの白和え

・ニンジンシリシリー

・豚肉とにんじん、
じゃが芋のおつゆ

・スーナ（粗モーイ）、ティラジャー（巻貝）、
島ダコの酢しょうゆ和え
・島（シマ）チシャの白和え
・ニンジンシリシリー
・豚肉とにんじん、じゃが芋のおつゆ
・ごはん

ニンジンシリシリーは、シリシリ器（沖縄のおろし金）でシリシリーしたにんじんを炒め、卵でとじたもの。チリビラ（ニラ）もたくさん入れて、彩りよく。マツさんいわく「昔、目が充血したときは、チリビラを搾って目に入れよった。覚えてないが、効いたはずよ」

（取材：平成19年３月）

颯爽と三輪車にのって
ウニやタコ、貝をとりに

平良澄子《たいらすみこ》さん

大正８（1919）年生まれ
お話をうかがったとき　87歳

ゆっくりなんて歩けない

庭にアカバナーの花が咲きほころぶ、古い瓦屋根の平屋。スミおばぁこと澄子さんが一人で暮らしています。縁側には白い運動靴が2足、きちんと揃えてありました。一足はゲートボール用、もう一足は歩く用。「とにかく働き者」と集落の誰もが声を揃えるおばぁで、畑に、海に、食品加工場に、ゲートボール場に、毎朝のウォーキングに、観光客の出迎えに、一日中、絶えず足を動かしています。「ゆっくりなんて歩けないよー」と言いながら、それはそれは颯爽と。

初めて会った昭和52年頃、澄子さんは養豚（子豚・肉豚の出荷）で生計を立てながら、大宜味村・大兼久《おおがねく》集落の書記をしていました。毎月ある定例会の準備は忙しく、時間までに会場となる公民館の床に雑巾をかけ、床が乾いたらむしろ（ござ）を敷く。行事のときは庭の石カマドにシンメーナービ（大鍋）をのせ、薪で大人数のジューシー（炊き込みごはん）を炊きます。ボランティア精神が旺盛で、明るく、話し上手な澄子さんは、集落に欠かせない存在です。

三輪車にのって海へ畑へ

朝6時に起きて仏壇にお供え物をし、子どもや孫の健康をお祈りしたら庭に出て、20歳から続けているラジオ体操。朝ごはんを食べたら、白い長靴にツバの広い布帽子といういでたちで、畑へ。相棒は三輪の自転車です。

海に行くときは自分でつくった2種類の銛《もり》と箱メガネ、網、ティール（背負い竹カゴ）をのせます。夜の場合はティーランプ（手持ちの石油ランプ）を追加し、準備万端。

「大潮の日が楽しみ」で、ウニやタコ、ティラジャー（巻貝）などをとりに出かけるのです。潮が引いた波打ちぎわで、黙々と何時間も作業していて、周りの人が「おばぁ、気を付けてよ」と心配するのは始めだけ。そのうちに「そこは滑るよ」「ウニはこうして割って潮水で洗って食べなさい」と澄子さんが世話を焼いています。

一人暮らしの澄子さんは、時間をかけてティールいっぱいにとったウニや貝をほとんど人にあげてしまいます。そしてまた、大潮の日を楽しみに待つのです。

エイサーでも頼りにされる存在

食事をしながら、昔の集落の様子を話してくれました。男たちが海で魚をとって来たら、それを売りに行くのは女たちの仕事でした。冷蔵庫のない時代です。「ティールに入れて、それを

大潮の日は、ティラジャー（巻貝）やウニ、タコなどをとりに海へ

澄子さんの畑から。葉の片面が紫色のハンダマ（水前寺菜）は「血の薬」と言われている

ジーマーミー（落花生）豆腐は
砂糖しょうゆだれでいただく

頭にのせて運んだよ。バスの中でも売りよったよー。タライだけでも臭いのに、昔は誰もゴーグチ（文句）も言わんかった。不思議であるさ」。

臭いだけでなく、ティールいっぱいの魚を運ぶのは重労働だったはずです。でも「芋や米と交換したら、帰りの方が重くなったよー」と思い出しながら笑います。

「ここは漁業集落だったから、魚がいっぱいあったよ。サバニ（舟）が15隻あって、大漁のときに白旗や赤旗を揚げて帰って来るときは、それは見事だったんだよ！」と、そのときにタライやティールを持って出迎えた女たちの唄を、踊りをまじえて再現します。

民謡が大好きな澄子さんの声は張りがあって大きく、唄も踊りも上手。十八番の『百歳節』（『十九の春』の替え歌）や『芋の時代』（昔、さつま芋ばかり食べていた頃を唄った唄）はもちろん、新しい唄や踊りにもチャレンジします。とはいえ一日中動いているから、覚えるのはいつも寝る前。チラシの裏に歌詞を書いて、それを繰り返し読み、電気を消してから眠る前に大声で唄います。民謡愛好会の中でも自分は高齢だから若い仲間についていくには努力が必要と、怠りません。

集落の豊年祭で行われるエイサー（大宜味村では女だけで踊る）では太鼓を打ちながら唄う唄い手です。「この人がいないと豊年祭のエイサーはできない」と言われるほど、頼りにされています。

毎朝供えるジーマーミー豆腐

澄子さんの家を訪ねると、いつでもお茶と三月菓子（女性の節句菓子）、ジーマーミー（落花生）豆腐、海のおかずのセットでもてなしてくれます。

なかでもジーマーミー豆腐は、手づくりするにはとても手間がかかりますが、「天ぷらと牛乳とジーマーミーは、うちのお父さん（夫）が好きだったから」と毎朝仏壇にお供えします。「でもこんな毎日だったら、お父さんもあきれてるはずだね（笑）」。三月菓子もまた時間がかかるものですが、いつ誰が来てもお土産に持たせるからとつくり置きしています。

ことあるごとに立っていく台所には、いったい何人で食べるの？というくらい、大きな鍋がありました。常に誰かに「これも食べなさい、おいしいよー」と世話を焼いています。

「ちょっとずつなんて（料理を）つくりきれないよ。余れば、誰かに食べさせればいいさって思うさーね」。

（取材：平成19年２月）

● 澄子さんのある日のお昼ごはん

・おばぁ風インガナズネー
（ニガナの白和え）
・大根、にんじん、いんげん豆、
豚肉の炊き合わせ
・ソーミン（素麺）汁
フーチィーバー（よもぎ）の香り
・ジーマーミー（落花生）豆腐
・シブイ（冬瓜）の漬物
・ごはん
・２種類の形のサーターアンダギー

澄子さん十八番の『百歳節』
（『十九の春』の替え歌）
「五十、六十がつぼみなら
七十、八十は花ざかり
トーカチ（米寿）過ぎてもあざやかに
百で咲かそう命（ぬち）の花」

その後の澄子さん

澄子さんが栽培したサクナ（ボタンボウフウ）を練り込んだ「笑味の麺」を商品化しました。収穫期になると「持ってこようか？」と電話が入り、いつも三輪車にサクナをのせて納品してくれたものです。

現在、103歳。骨折して施設で過ごすようになる２年前まで元気に一人で暮らしていました。

平良澄了さん。手づくりの銛（もり）を手に、
ウニやタコ、貝をとる

おばぁの大きな声が響く大人数のお昼ごはん

宮城《みやぎ》ハナさん　大正14（1925）年生まれ　お話をうかがったとき　89歳

子や孫が集まる、量もたっぷりにぎやかなお昼

ハナさんには10人の子どもがいます。そのうち8人は同じ集落で暮らしています。それぞれ家庭がありますが、「お昼どきになると一人、また一人、子どもや孫が集まって来る」と、ハナさん。にぎやかな家の中で「サランクヮー（小皿）出せー」「ミジュン（イワシ、小魚）もはんちきて（よく噛んで）食べて」「おちゅうあちらして（おつゆを温めて）、お代わりして食べてよー」と、ハナさんのひときわ大きな声が響きます。

台所には、キャッサバなどの芋やクジキン（クズウコン）のでんぷんが入ったボトルが並んでいます。干ばつが多い沖縄では、水田で稲作ができる場所は限られていたため、何種類かの芋を栽培し、でんぷんをとって保存食にしたのです。この日、ハナさんはキャ

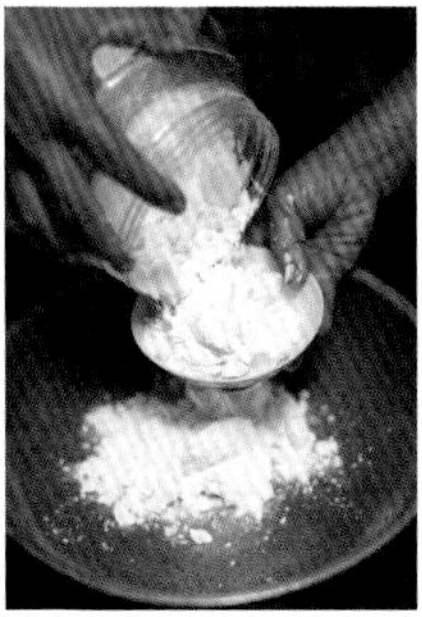

シークヮーサーの果汁をたっぷり使ったくず餅。ハナさんは「2杯でいいかー？」と娘さんたちに相談しながら茶碗ですくったでんぷんに材料を混ぜた。火加減も、火の止めどきも、長年の経験。大人数の料理をささっとつくる

ッサバのタピオカでんぷんでくず餅を、クジキンのでんぷんでハッカーシー（だしで溶いたでんぷんの炒め煮。芋くじプットゥルウとも言う）をつくってくれました。

できたてを食べさせたい

茶碗ですくって計量したタピオカでんぷんに、シークヮーサーの果汁を混ぜ、ザラメ糖を入れ、火にかける。とろんと透明な餅の状態になったら、熱いまま、きな粉を敷いた上にドサリ。普通はバットに入れて冷ましてから取り出しますが、温かいうちに流し込んで、きな粉と一緒にパッパパッパ切って食べさせるのがハナさんのスタイル。「くず餅はこうすると、5分、10分で、お客さん座らしよってすぐできるわけよ」という心配りなのです。

ハッカーシーの材料は、クジキンのでんぷんとかつおだし、チリビラ（ニ

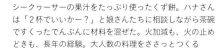

ラ）、油です。甘味は加えず、塩で調味。粘りが強く、火にかけてヘラでずっと混ぜるのもひと仕事です。

　戦後、シンメーナービ（大鍋）で海水を煮詰めてつくった塩は色が付いていたと言います。ティール（背負い竹カゴ）に入れ、田嘉里《たかざと》（10km程離れた集落）まで歩いて物々交換しに行きました。「田嘉里には田んぼもあるし米もあるし芋もあるし、これと塩を交換して、でんぷんをとった後の芋カスをつついて、たーきめーして（炊いて）食べよったよ。昔はだしも入れないよ、ただ塩を入れて。ひもじいんだからなんでも食べるさ。ハッカーシーして（混ぜて）食べよった」。話すうちにできあがりました。タピオカと違って、冷めるとかたくなるので、クジキンは「アチコーコー（熱々）で食べるよ。煮て潰したさつま芋と合わせて揚げてもおいしいよ。昔はよ、ハーガニウルシー（手づくりのアルミのおろし金）

家のすぐそばにある畑でクジキンの根茎をとる（左上）。上はじゃが芋、左下はさつま芋。毎日畑に出て食材をとるのがハナさんの日課になっている

ででんぷんとりよったよ。今はミキサーがあるから、いくらでもとれる！」。

歌の歌詞で字を覚えた

両親を早くに亡くし、おばぁ（祖母）に育てられたハナさん。ソテツから手間をかけて毒だしして食べるほど貧しく、13歳で山口県宇部の紡績工場に働きに出ました。戦争前に沖縄に戻りましたが、「おじさん、おばさんたちはアメリカー（アメリカ人）に連れて行かれて……。おばぁは私がおんぶして山に逃げて。鉄砲パラパラパラパラしてたよ。夜になったら木（枝葉）伐ってきて、人の畑で芋掘って。鍋もなにも無いさー。アメリカーのカンカン（缶）に入れて薪で炊いて食べよった。ヘゴ（木生シダ）を湯がいて食べたり、アダンの棘とって湯がいて食べたり。野宿だから雨が降ったら自分の着物を木にかけて、おばぁを濡らさん

ようにしてよ」。そんなハナさんを見て、「おばぁは『あんたは孝行したから10人の繁盛しなさい（子どもを10人産みなさい）』と言いよったよ。おばぁの言う通りになった」。

昭和21年に南洋から引き揚げて来た人と結婚しましたが、夫は子育ての9年間、病気で寝たきりに。「子どもは学校も歩かし（通わせ）きれんよー。長女を中学卒業してからそば屋で働かせたわけ。毎月バスのって、長女から20ドルもらって来て、これで家族生活していた。上の子4人は自分たちで働きながら学校出て」。夫の病が治ってからは、その仕事である土建業を手伝いました。「今は砂利でコンクリやるさ。昔は海から砂利とってやりよった。セメントをハッカー（混ぜる）したり、毎日いろんな土木仕事。ハナちゃんみたいに働く人いないよーってほめられたよ。働いて身体を動かしたのは健康のもとであると思う」と胸を張ります。

● ハナさんのある日のお昼ごはん

・ソーキ（豚のあばら肉）汁

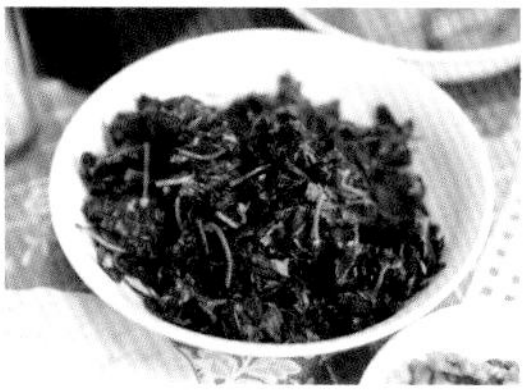

・カンダバーイリチィー
（さつま芋の葉の炒め煮）

・ハッカーシー
（クジキンのでんぷんの炒め煮）

・くず餅（タピオカでんぷんの
シークヮーサー入り）

・ミジュン（イワシ、小魚）の
から揚げ

・揚げ豆腐とこんにゃくの煮付け

ハッカーシー（でんぷんの炒め煮）をつくるには

①クジキンのでんぷん１に対し、かつおだし２で溶く
②適量の塩と、チリビラ（ニラ）を好みの量加え、さらに混ぜる
③多めに油を熱したフライパンに生地を入れ、よくこねながら火を通す。ずっとこねるのが肝心
④全体に粘りとツヤが出てきたら火を止めて、熱いうちに食べる。さつま芋でんぷん、タピオカでんぷんでもできる。味噌味にしてかまぼこやしいたけなどを入れてもおいしい

キャッサバ、クジキン、じゃが芋などの
でんぷんを入れたボトルが並ぶ

「私よ、学校歩いたのは4年生まで。時計もわからんで太郎さん（夫）に怒られよった。字も全然わからんかったよー。でも歌が好きだから人が歌う歌詞を見て、字覚えるわけ。これで新聞も読めるようになった」。

家の中にいたらボケるからと20年ほど通ったカラオケの成果は『十九の春』を歌って披露します。

「いろんな苦労あったよー。だけど今は幸せ」と笑い飛ばすハナさんは、この家の大黒柱です。

その後のハナさん

ハナさんは現在97歳。デイサービスに通いながら元気に過ごしています。この取材のとき、ハナさんの家には遠方から大宜味村の高校に通う学生が下宿していました。血縁のない子どもを預かるのは大変だろうと思ったのですが、「寮でたばこ吸ったといって出されたわけ。そうしたらうちの長男が『高校歩かんと大変だから、ここで養って』と言うから。朝はね、ごはんにアンダミス（油味噌）入れておにぎりやって。晩はまたおいしくいろんなのつくってあげるわけ。今日の夕飯なににするかねーってこれが頭にある」。このときまででも血縁のない高校生を５人も卒業させています。

（取材：平成26年12月）

長寿のおばぁから受け継いだ よもぎ酒と茶目っ気

奥島菊江《おくしまきくえ》さん

昭和2（1927）年生まれ
お話をうかがったとき　87歳

どっしりと太い母の足

明治35年、大宜味村大兼久《おおがねく》生まれ。一生をこの集落で暮らし、109歳で大往生した奥島ウシさんは、村の名物おばぁでした。戦争で夫を亡くし、女手ひとつで6人の子どもを育てたウシさん。95歳まで道の駅で売り子のアルバイトをしてお客さんの人気を集め、100歳を過ぎても畑仕事をしました。

「朝は6時頃、ティール（背負い竹カゴ）を持って海で待ち、漁から戻ったウミンチュ（漁師）から魚を仕入れるわけ。そしてこれを、『ゆうほんそーりー（魚はいりませんか）』と声をかけながら集落で売り歩く。競争があるから、一番に仕入れて走って売った、と言っていたよ」と話すのは娘の菊江さんです。

「食事もね、家の中に入らなかった。土間で食べて、昼も並んで魚を仕入れて、また売りに出る。いくつも集落を

畑ではいつも地下足袋を脱いで裸足だった菊江さんの母・ウシさん

チラガーとは沖縄の言葉で豚の顔（チラ）の皮（ガー）という意味。ぷるぷるな食感。晩年のウシさんの好物だった

回るわけ。その合間に畑仕事して、日が暮れても帰らんかったよ。おばぁ（ウシさんの母親）が『あんたのピサー（足）にはピー（火）がちいちゅん（灯）てー』と皮肉まじりに諭していたって。裸足でね、履いても地下足袋。昔はアスファルトもなく土だったからね」。よく働き、よく歩いた。太くてどっしりした足は、ウシさんの人生を物語っていました。

　大漁のときは、男たちがサバニ（舟）に赤い旗を立てて勇ましく帰り、みんなで大騒ぎ。一日の終わりには、ウミンチュも、魚を売りに行った女たちも集まって、その日の収入を計算しました。

「その場でみんな酒飲みよったわけ。（ウシさんも）酔っぱらって帰ってきよった。楽しみだったはずよー。そのまま酔っぱらって歩いていても、おうちに届かない（帰りつけない）人がいても、お金（収入）を盗まれない。平

和だったんだね」。菊江さんは子どもだった頃を懐かしそうに回想します。

なぐさめようとつくった酒

ウシさんといえばよもぎ酒でも有名でした。戦後、近所の人をなぐさめようとつくり、同じように夫や子どもを亡くした一人暮らしの友人たちに飲ませたところ「そのおばぁ（友人）は元気が出てからね、自分でも酒をつくるようになって。6、7名のグループがいたわけ。誰のが一番おいしいか競争しよった。集まるところだったおうちのおばぁが亡くなったときはね、タンスの中は酒だけだったって（笑）」と菊江さん。

ウシさんのよもぎ酒は「健康長寿の酒」と話題になり、全国から問い合わせが来るようになりました。その奥深さに魅了され、菊江さんは今もつくり続けています。

村の8人の女で「八千姫劇団」

菊江さん自身は「明けても暮れても踊りたい」と言うほど踊りが大好きです。子どもの頃、家の中でも「障子閉めて一人で座布団担いで踊っていたよ。琉舞（琉球舞踊）ではなくて創作。やりたい放題（笑）」。宝塚歌劇団に憧れて、当時の流行歌に合わせて踊りをつくり、披露していました。

村の8人の女たちで始めた「八千姫劇団」の校長と呼ばれ、場を盛り上げるときには「菊江ねえさん一人いれば5人力」と言われる踊りを、祭りや集落の合同祝い、施設の慰問などで披露します。

「八千姫に入るのにテストあるんだよ。テストはね、酒飲ます（笑）。八千姫の元気の源はなんですかって聞かれたことがあるわけ。いつでも明るくほがらかに笑いありで生活すること。服は地味なものは着けないこと」。

菊江さんはいつも笑顔で、人あたりがいい。身ぎれいにしていて、おしゃれです。

「お母さん（ウシさん）がよく『はらじ（髪の毛）、ぶんどぅかしー（バサバサ）しちゃならんどー』と言いよった。女の子は頭（髪の毛）をきれいにしておきなさいって。それから、道で会えば、知らない人でもニコニコして、必ずエージ（声かけ）しなさいよーと。『人間は言葉づかいが大事だよー。やふぁやふぁとぅー（やわらかく）よ』とも言われた」。

母の教えは、今も菊江さんの胸の中に温かく刻まれています。

（取材：平成27年5月）

● 菊江さんのある日のお昼ごはん

- チラガー（豚の顔皮）と
  ゴーヤーのイリチィー（炒め煮）
- チラガー（豚の顔皮）の煮付け
- ニンジンシリシリーと
  タマナ（キャベツ）のチャンプルー
- チファフ（つわぶき）とキクラゲ、しいたけの佃煮
- モーイ豆腐
- サラダ菜ズネー（白和え）

サラダ菜ズネー（白和え）をつくるには

①サラダ菜は洗って一口大にちぎっておく
②鍋に潰した豆腐、ツナを加え、混ぜ合わせながら火を通す
③❷を容器に移し、冷ます
④サラダ菜、❸の和え衣、しょうゆを一緒に混ぜ、しんなりするまでよく混ぜ合わせる

その後の菊江さん

一人暮らしでも「彼氏が待っているから帰ろうね」と、茶目っ気いっぱいで皆を笑わせていたウシさん。縁側では椅子に座って、白い綿のパンツのゴム替えや縫い物をする姿がありました。針の穴に糸を通すのは菊江さんが手伝いました。ある日、菊江さんが留守で、糸を通してくれる人を探しに出るも、おばぁ、おじぃばかり（笑）。通る車を止めて、糸を通してもらったのだそう。
菊江さんは現在95歳。ずっと変わらずスマートです。天気のいい日の夕方は、店の前で咲く花見を兼ねて“歩け歩け”で顔を出してくれます。集落の定例会では意見を言います。

春が待ち遠しいのは ヤンバルタケノコがあるから

仲《なか》井《い》間《ま》幸《ゆき》子《こ》さん

昭和4（1929）年生まれ
お話をうかがったとき　85歳

熱いヤンバルタケノコ談義

春は、ヤンバルタケノコ（ホテイチク）。佃煮、和え物、炊き込みごはん、味噌汁……どうやって食べてもおいしいのです。みんなに食べてほしくて、私の「笑味の店」でも春のメニューの一品にします。大宜味村の田嘉里《たかざと》では「グラ（ヤンバルタケノコの地域名）の郷まつり」というイベントがあるほどで、やんばるの人たちもこの季節が来るのを毎年楽しみに待っています。

店に初めてヤンバルタケノコを売ってくれたのが、仲井間幸子さんでした。村の老人会の副会長、農協女性部や農山漁村生活研究会に参加し、まちやー（商店）に出向いたり、シルバー交通安全の指導員を務めるなど、積極的な85歳。面倒見が良く、店のこともなにかと気にかけてくれ、頼りにしています。幸子さんとタケノコ談義をすると、熱くなります。

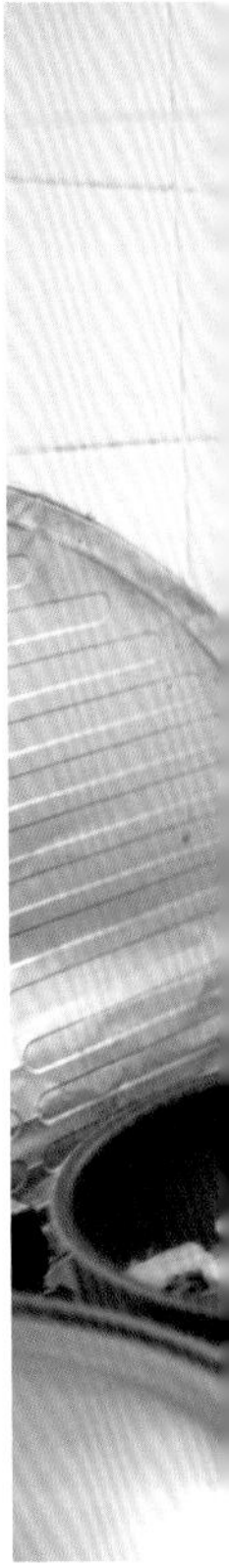

ヤンバルタケノコは、カマドを使って茹でたものを冷凍保存して、行事（お祝い、お盆、正月など）のときにイリチィー（炒め煮）、佃煮にして使う

家を訪ねると、幸子さんは玄関先でヤンバルタケノコの下処理をしているところでした。「とって来たらすぐに炊かないとかたくなってしまう。2時間炊くのよ、2時間！ それから1時間水にさらすの」。今日はこれで佃煮とイリチィー（炒め煮）をつくってくれます。幸子さんの佃煮はかたさもなにもかも程良くて感嘆します。ここまでになるには、手際の良さとタイミング、やはり年季がいります。

幸子さんは毎日、家族5人分の食事と弁当をつくります。「料理はさ、なんでも準備しておけば炊くのはいっときさね。だから私は前の晩に、ゴーヤーチャンプルーのゴーヤーも、キャベツも、弁当のおかずも、みんな切っておく」。

佃煮に入れるかつお節は、他の料理でだしをとったときのだしがらを冷凍庫にストックしておいたもの。イリチィーをつくりながら「料理に少しだけ

色付けしておこうね」と、今度は冷蔵庫からシリシリーしたにんじんを出してきます。こうして手早く食卓が整いました。

稀少なものになりつつある

ごはんが進むうち、父親が大宜味村の出身で、料理記者としてテレビなどでも活躍した岸朝子さんの話になりました。大宜味村への来訪時にはこの佃煮を食べて喜ばれ、商品化をすすめてくださいました。でもそれができないのは、収穫や処理に手間がかかることや、自然に育つヤンバルタケノコが減っているから。

「（ヤンバルタケノコは細いから）台風で倒れるでしょ、そうしたら倒れたまま節から芽が出るの。枯れた竹が邪魔になって、やぶに入られなくなる」と幸子さんも私も嘆いています。

仲井間幸子さん

おばぁたちが持つ現代のカゴはビニール紐製。幸子さんは週にひとつ編み、道の駅に卸している

おばぁがおばぁたちをのせて運転

戦争中、アメリカ軍の攻撃を受け沈没した「対馬丸」の1便前の船にのって行き、神奈川の軍需工場で働いたこと。東京で空襲に遭ったこと。6男1女を育てたこと。「毎日怒りよった」夫のこと。人生で3回、全身麻酔を経験していること……。幸子さんは昔のことを日付まで憶えているほどですが、「くよくよしたってしょうがないさ！」と豊富な話題はどこまでも展開していきます。ことごとく前向きです。

53歳のときに運転免許をとった幸子さんは、85歳のお祝いに長男に自動車をプレゼントしてもらいました。近隣のお年寄りは移動手段がない人も多く、毎日のように助手席に、後部座席におばぁたちをのせて、会合や買い物などに出かけます。

「目は大丈夫かねー、耳は大丈夫かねーって検査するから、痴呆は入ってないかねーって検査するから、高齢者の免許更新は4時間かかる！」と言いつつも、いつまでのるの？と聞くと「百までのるさ」とケロリ。

「毎日出歩いているからね、うちの掃除をする暇がないさ！」。

（取材：平成27年5月）

幸子さんはかつお節でだしをとった後のだしがらを冷凍庫にとっておき、佃煮などに使う

豚の三枚肉は丸ごと茹でて下味をしてから小さく切ってイリチィー（炒め煮）に入れる。次にこんにゃくと、もどしたきざみ昆布を入れて茹で、きざんだヤンバルタケノコも加え炒める。そして「にんじんを入れれば、（料理に）色出るわけよー」

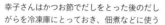

● 幸子さんのある日のお昼ごはん

・ヤンバルタケノコの佃煮
・ヤンバルタケノコの
　イリチィー（炒め煮）
・ごはん

ヤンバルタケノコの佃煮をつくるには

①タケノコはななめに切り、しいたけ、キクラゲは水にもどして千切りにし、湯通しをする
②鍋にごま油を熱し、唐辛子、しょうが、ニンニクを炒めてから、しいたけ、キクラゲ、しょうゆ、砂糖、みりんを加えて煮込む
③❷にタケノコの水分を搾り除いてから加え、かつお節のだしがらと一緒に再び煮込み、白ごまを入れる

その後の幸子さん

幸子さんは現在93歳。次男と一緒に暮らしています。老人会で27年間、役員を務め、県の老人会から表彰されました。92歳のとき、運転免許を返納しています。残念ながら100歳までは届きませんでした。時々、電話をしますが「自分だけ話してごめんね！」と言いながら、幸子さんの話は尽きません。

おばぁ自慢の大鍋 シンメーナービでつくる料理

宮城《みやぎ》チヨさん

昭和4（1929）年生まれ
お話をうかがったとき　86歳

鍋ひとつでなんでもつくる

大宜味村塩屋の集落で50年以上島豆腐をつくっているチヨさんの店には、村内から、遠方から、お客さんが絶えずやって来ます。本土の木綿豆腐や絹ごし豆腐と製法が違い、サイズも大きい島豆腐。チヨさんは昔ながらのやり方でにがりではなく海水を使うので、ミネラルが多く、深い味わいです。

チヨさんの作業場に着くと、巨大なシンメーナービ（大鍋）の中でチマグー（豚足先）とソーキ（豚のあばら肉）がぐつぐつと煮えているところでした。「これからおじぃ（夫）がつくったシブイ（冬瓜）を入れる」と大胆に投入。

シンメーナービは沖縄の伝統的な大鍋です。大家族の多かった沖縄では、昔は一般の家でもなじみ深く、行事の炊き出しでもよく使われていました。

おばぁ、いい鍋だねえ、と声をかけ

シンメーナービ。この大鍋ひとつで、豆腐やふだんの餅、行事用の餅までつくる

ると「おばぁの鍋は、終戦直後はヒコーキガネからつくりよった」。地上戦の戦禍を被った沖縄では、あらゆる生活物資が不足し、戦闘機の残骸さえも使われたのです。今使っているシンメーナービは、「豆腐にもなんにでも使う」とチヨさんは胸を張ります。

自分の稼ぎでやってきた

チヨさんが豆腐店を始めたのは、60年近く前のこと。「あのときは食べるものがなにもないさーね。豆腐屋もなにもない。各家庭、大豆を育てて豆腐しよった」。すでに結婚していて、3人目の子を身ごもっていました。隣村で豆腐屋を営んでいた友人に「チヨーに豆腐ヤーさせたら、食べていけるくらいの収入になる」とすすめられ、両親に協力してもらいながら、朝昼晩と3回豆腐をつくって売るようになりました。豆腐店を営みながら子どもを8

モーウィ（毛瓜）のジージキ（地漬）。「友だちに教えてやってるけど、子どもたち、おばぁのものが上等と言う。カーミ（カメ）にいっぱい漬けてるよ」

人育てました。

夫は建築業とサトウキビ栽培を兼業し、その手伝いもしましたが、「若いときからおばぁは自分の稼ぎでやってきたから、（夫の収入については）一銭もわからんよ（笑）」と言います。

チヨさんは、小学6年生の頃から、学校に通いながら歯科医の家でジョーシカー（女中）として働きました。

「厳しかったよー。泣いたよー。朝、掃除やって、学校行くでしょ。帰って来たら、水道もないので、水を20回以上担いで、お風呂。ずっと働き通し。学校なんか2番」。ですが、奉公先で毎日食事づくりをしながら料理や漬物を自然と覚えました。

戦争中はミスマース（味噌と塩）、黒砂糖、はったい粉（大麦の粉）を持って、山に避難したそうです。「花のようにいっぱいありよった」と言うイチュビグワー（野イチゴ）やクービ（グミ）、クワーギナイ（桑の実）を、夜になるとスヌイ（もずく）やモーイ（イバラノリ）を海でとり、食べてしのぎました。

伊江島には日本軍の飛行場がつくられました。その作業には民間人も動員され、チヨさんも飛行場で米軍の空襲に遭い、宿舎は全焼。戻って来た集落も焼け野原だったため、近所の人と共同で藁ぶきの家をつくりました。鍛冶屋だった父親は鍬など農具を「いくらでもつくりよって、ティール（背負い竹カゴ）に入れて売りよった。米や芋と物々交換もしたよ」。家族で力を合わせ、戦後を生き抜きました。

難義やあらんどー

「食べものはよ、おばぁ、なんでも上手！」と笑うチヨさん。一番人気は昆布の煮付けで、ジューシー（炊き込みごはん）、法事の重箱料理、米をひいて粉からつくるフーチィーバームー

チマグー（豚足先）は煮込むとゼラチン状になり、ぷるぷるの食感。汁には結び昆布を入れる

汁物に続いて、同じ鍋でトウプヌカシイリチィー（おからの炒め煮）をつくる。おからは傷まないよう塩をふって蒸してあった。「野菜とだしを入れないとおいしくないやー。ナンクヮー（かぼちゃ）入れたら甘味が出るさーや」と言いながら、島かぼちゃやにんじん、最後に島菜（シマナ、カラシナ）を合わせる。煮干しも入れることで味も栄養もぐうっとアップ

チィー（よもぎ餅）、カーサーバームーチィー（月桃の葉で包んで蒸した餅。行事食としても使われる）、ミキ（米、芋、砂糖を発酵させた飲み物。神行事にも使われる）など。

たったひとつの嫁入り道具だというカメには、名人級のジージキ（地漬）が入っています。「モーウィ（毛瓜）はシブイみたいにタブランシーヤ（長く保存がきかない）。すぐにスカスカになる。ジージキやってつくっておけば、誰か来たら持たせられる」。チヨさんはなんでもいっぱいつくって人にあげる毎日です。食材を無駄にしたくないのです。

重箱料理やミキづくりなどを頼まれたらすぐに引き受けてしまう。「でも難義やあらんどー（大変ではないよ）！一人暮らしがいっぱいいるから、みんなに食べさせたら、おいしいと言うからおもしろい！」。

底抜けに元気な理由を尋ねると、よ

● チヨさんのある日のお昼ごはん

・モーウィ（毛瓜）の
　ジージキ（地漬）
・モーウィ（毛瓜）のキムチ
・トウプヌカシイリチィー
　（おからの炒め煮）
・チマグー（豚足先）と
　ソーキ（豚のあばら肉）と
　シブイ（冬瓜）の汁

トウプヌカシイリチィー（おからの炒め煮）をつくるには

①おからは蒸しておく
②もどしたしいたけとかぼちゃを千切りにする
③鍋にごま油を熱し、かぼちゃ、しいたけ、煮干し、おからを入れて炒める
④だし、しょうゆ、塩を加えて煮込む
⑤仕上げに刻んだチリビラ（ニラ）を加える

く働いてくよくよしないこと。「悩みだけは持つんじゃない。病気かかるよー。すぐいいことにきりかえー。いいことに向いて、いいこと考えんと」。

だからチヨさんの頭の中は、いつも「今、なにつくったらおいしいかねー?」でいっぱいなのです。

チヨさんの嫁入り道具はこのカメひとつ。自慢の漬物を漬ける

その後のチヨさん

現在チヨさんは94歳。両足を手術した後、豆腐店は廃業しましたが、変わらず元気です。週に1回、公民館のデイサービスに、手押し車で歩いて行きます。「100歳までがんばろうね」と言うと、「100歳までは大丈夫！」と言い切りました。

（取材：平成27年10月）

「見ーなりー、聞きなりーで覚えた」〝塩屋のよもぎ餅〟

宮《みや》城《ぎ》美《み》佐《さ》子《こ》さん

昭和5（1930）年生まれ
お話をうかがったとき　85歳

本家本元「塩屋のよもぎ餅」

大宜味村の名物のひとつに「塩屋のよもぎ餅」があります。といっても店に並ぶ特産品ではなく、家庭でつくられる名物です。私がまだ名護に住んでいた20代の頃、塩屋の伯母さんがくれたその餅の、あまりのおいしさときれいな緑色、ふわっと広がる香り、程良く繊維を感じる食感に感動したのをよく憶えています。

沖縄でニシヨモギはフーチィーバーと呼ばれます。本土のよもぎに比べて苦味が少なく、葉が大きいのが特徴です。昔から食材として、薬草として、親しまれてきました。

塩屋に暮らす美佐子さんは、餅づくりの名人です。そしてじつは、「塩屋のよもぎ餅」の本家本元。この日も大きなザルに、たくさんのよもぎ餅を用意してくれました。

「だんなさん（夫）の親が鹿児島出

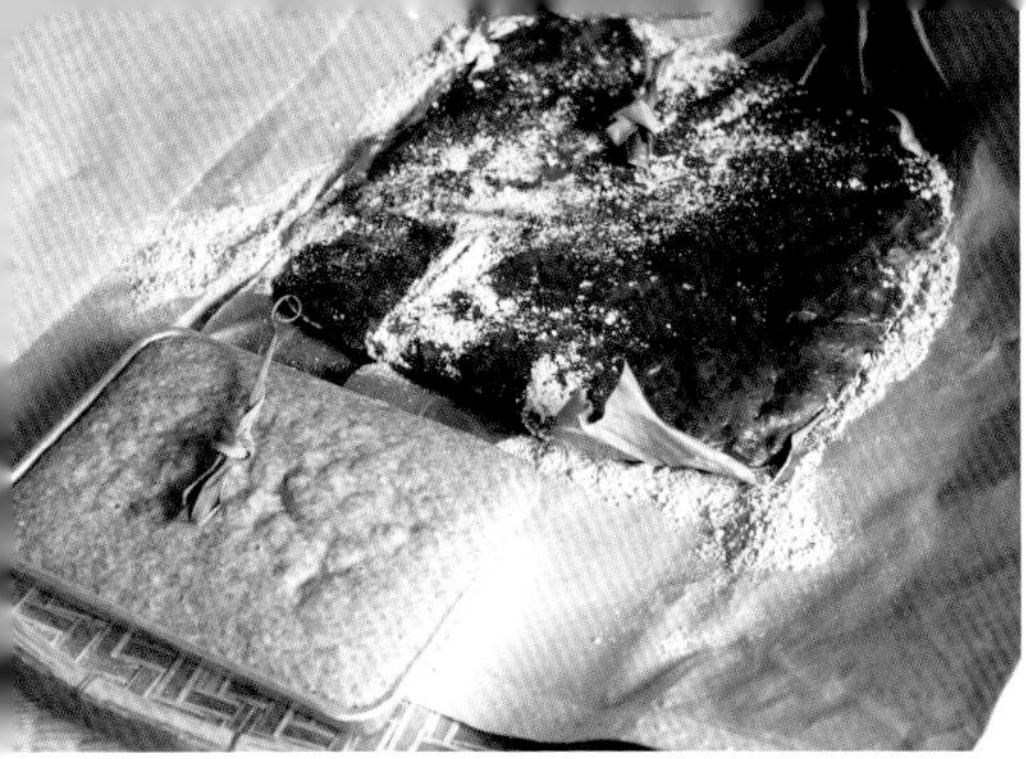

奥がよもぎ餅。手前はソテツの粉でつくられたアガラサー（蒸しカステラ）。上に乗っているのは「サン」と言い、食べものをマジムン（魔物）から守るためのお守り。ススキなどの葉を結んでつくられる

クジキン（クズウコン）やキャッサバなどの芋からでんぷんを取り出したり、味噌を仕込んだり、ハブ（ケツメイシ）茶やウコンのお茶をつくったり……ということを難儀と言わずに続けている。「一人遊んでる！」

茹でたよもぎは色止めに砂糖を加えて潰したものを、冷凍する

シークヮーサーは正月が一番おいしい

美佐子さんの家を訪ねたのは旧正月の後。写真は仏壇にうさぎた（供えた）料理

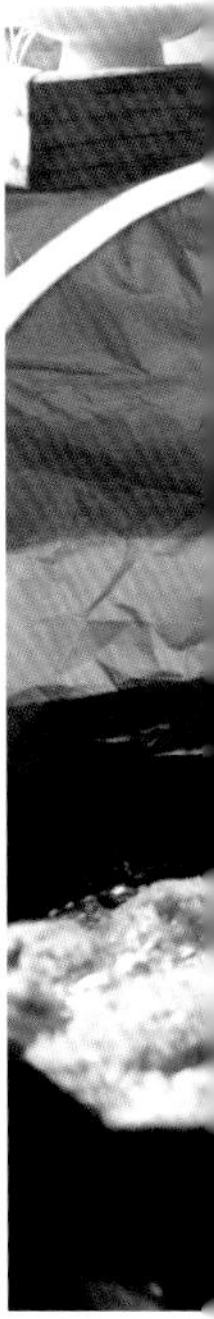

身で、明治30年に沖縄に（医師として）派遣されて来てる。これ（よもぎ餅）、鹿児島の名産だから。最初、塩屋で教えて、大兼久《おおがねく》（「笑味の店」がある集落）、喜如嘉《きじょか》（大宜味村の集落）へ広がったわけよ」。

お嫁に来た美佐子さんが「見ーなりー、聞きなりーっていってね、目で見て、耳で聞いて覚えた」というよもぎ餅のつくり方は、とにかく手数が多く、フードプロセッサーでもなかなか手ごわいよもぎの繊維を潰すのに棒を使ってつつく手法。「昔はアクで茹でよったけど、今は薪がないから重曹入れてやるわけ。よもぎをきれいに洗ったのを入れて沸騰させて、炭酸の匂いがするからって3回くらい洗って、汁は捨てて、カスを入れて」と、よもぎをつつくのに30年くらい使っている釜を見せてくれます。「ザルいっぱい茹でて2kgくらいにしかならないよ。色止めに砂糖して、冷凍しておくわけ」。

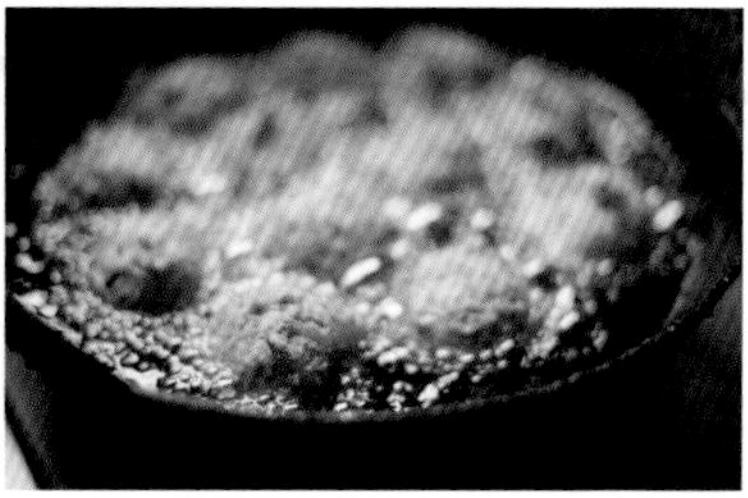

青パパヤー（パパイヤ）と山芋、豚肉の煮付け。最後にほうれん草を加える

よもぎのペーストを入れてサーターアンダギーをつくる。サーターは砂糖、アンダギーとは油（アンダ）で揚げたものという意味

よもぎ餅に加え、冷凍しておいたよもぎを使ってサーターアンダギーをつくってくれると言います。段取り良く大胆に料理が進みます。

ソテツさえも食べる知恵

「ソテツ地獄」とは、大正末期から昭和初期にかけて、沖縄周辺でおきた経済恐慌を言います。食べることに貧窮し、米はおろか芋もありません。毒性があり、調理次第では命を落とすこともあるソテツも食べるしかない時代。そんな状況は戦後まで続きました。

でも裏を返せば、毒のあるものでさえも食べる知恵があったということ。戦中戦後を生き抜いたおばあたちのたくましいこと。近頃はめったに見かけなくなったソテツ料理ですが、美佐子さんは今でもソテツの実から毒抜きしてでんぷんをとり、この日はアガラサー（蒸しカステラ）を用意してくれて

いました。おばぁたちのでんぷん使いにはいつも感心させられっぱなしです。

「いくさのとき、山に逃げている間は、ソテツだけでなく、ヘゴ（木生シダ）も食べたよ」と美佐子さん。タケノコ、きのこ、野生の実、ヘビやウナギ。ガマガエルをさばいて、そのだしで味噌汁をつくったこと。米兵に見つからないように、夜、山から下りて畑の芋を夜通し掘ったこと。輸送船からも、米や缶詰、乾パン、素麺、麦や豆などを盗んで食べたこと……。美佐子さんが語るのは、生きしのぐために食べた記憶です。

85歳の〝若手〟の時間

37歳のときに夫を亡くし、女手ひとつで4人の子どもを育てた美佐子さんは、もう40年も一人暮らしを続けています。

「午前中は洗濯して、遊んで。あち

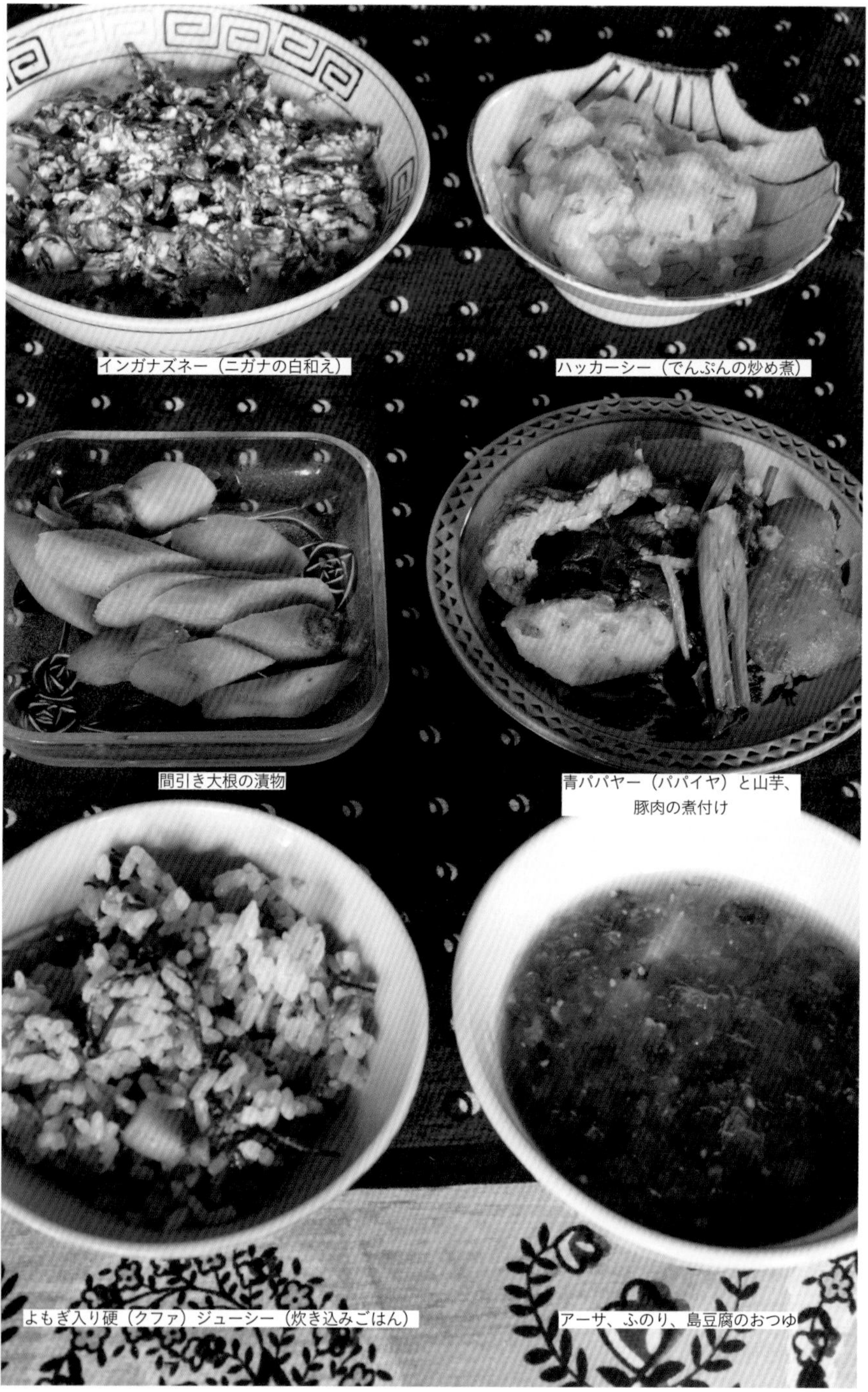

インガナズネー（ニガナの白和え）

ハッカーシー（でんぷんの炒め煮）

間引き大根の漬物

青パパヤー（パパイヤ）と山芋、
豚肉の煮付け

よもぎ入り硬（クファ）ジューシー（炊き込みごはん）

アーサ、ふのり、島豆腐のおつゆ

● 美佐子さんのある日のお昼ごはん

・よもぎ餅

・ソテツのアガラサー（蒸しカステラ）

・よもぎ入りサーターアンダギー

・ハッカーシー（でんぷんの炒め煮）
・青パパヤー（パパイヤ）と山芋、豚肉の煮付け
・アーサ、ふのり、島豆腐のおつゆ
・インガナズネー（ニガナの白和え）
・間引き大根の漬物
・よもぎ入り硬（クファ）ジューシー（炊き込みごはん）
・よもぎ餅
・ソテツのアガラサー（蒸しカステラ）
・よもぎ入りサーターアンダギー

クジキンのでんぷんをだしで練ったハッカーシーが美佐子さんの食卓にものぼった。美佐子さんはでんぷんをうっけーめー（おかゆ）にも入れて食べる。体調が悪く食欲のないときでもおいしく、おなかをこわしたときには薬になると言う。昔は芋が主食だったので、おばぁたちのでんぷん使いはぴかいち。一日のどこで食べてもいいように常備されている

よもぎ入り硬（クファ）ジューシー（炊き込みごはん）をつくるには

①米は30分浸水させ、ザルにあげて水気をきる
②豚肉、にんじんは粗めに切る。ゴボウは薄くささがきに切り、よもぎは葉だけを細く刻む
③鍋にだし、米、具材、しょうゆと塩を加え混ぜ炊き込む
④炊き上がったらよもぎと油を入れ混ぜる

こちから声聞いて、みんな集まって来るよ。一人暮らしはよ、なんでもすぐにできるように準備しておいてあるわけ。誰か来たらよ、一緒にごはん炊いて食べるかーって言って」。午後2時頃から日暮れまでは畑仕事をします。デイサービスは週に1回。

「わーわーして（にぎやかな様子）楽しいさね。一番高齢の人は100歳なるよ。頭も足も確か。押し車して来るよ。98歳なるおばさんも2人いるわけ。みんな一人暮らしよ」と、85歳の〝若手〟の時間を楽しんでいます。

その後の美佐子さん

美佐子さんは現在92歳。今も一人で暮らし、食べる分の野菜を育てています。週1回の公民館のデイサービスには歩いて出かけます。変わらず声が大きくて早口です。

（取材：平成28年2月）

おばぁたちは、自分が食べる分だけをつくりません。宮城美佐子さん（68ページ）は「揚げておけば、誰かが来たときにお土産に持たせばいいさー」と言って、よもぎを使ったサーターアンダギーをつくってくれました

なにかあれば料理も菓子づくりも、集落を区割りする班の仲間と一緒にやると言う宮城和子さん（88ページ）。「（伝統の）よもぎ餅も一緒にやるよ。もう人がいない班もあるから、その点は恵まれているんじゃないかな」

「芋があったらなんでもできる」思い出のボロボロジューシー

宮城愛子《みやぎあいこ》さん　昭和４（1929）年生まれ お話をうかがったとき 87歳

ぷるぷる食感のチラガー

赤肉より安く、ぷるぷるの食感のチラガー（豚の顔皮）は、おばぁたちに好まれ食べられてきた豚肉の部位です。それを茹で、切っていた愛子さんにカメラを向けると……。切り落としたばかりの豚の鼻を自分の鼻にあててポーズをとり、あっという間に場を和やかにします。同じ集落の宮城美佐子さん（68ページ）が愛子さんを語る、「泣いてる人も笑わすから、葬式にも連れていかれないくらい！」というエピソードは有名です。家の中に飾ってある写真には、坊主頭のカツラに男性ものの肌着を着て、顔にイタズラ描きをした愛子さんの姿がありました。老人ホームの忘年会で披露した仮装で、「なによりもおもしろいと言ってみんな喜んでいた！」と意気揚々です。

隣に写っていた宮城ハナさん（46ページ）は、愛子さんの義姉にあたり、

愛子さんの台所にはたくさんのお皿が収まっていて大家族だったことがうかがえた

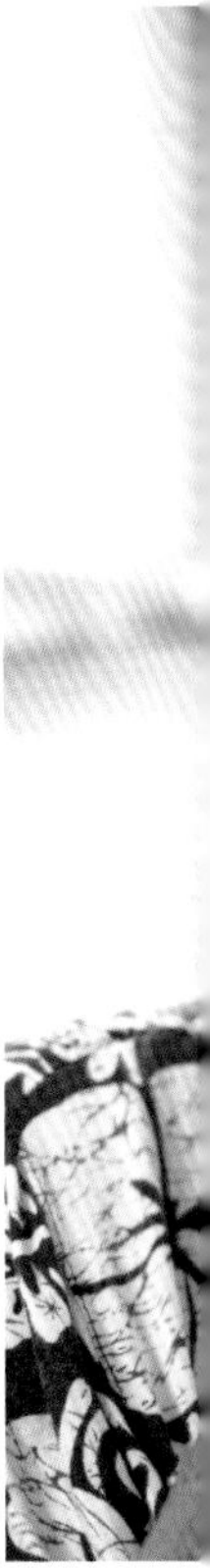

同じ集落で育った2人は若い頃から一緒に笑い合ってきた仲。今も頻繁に行き来しています。この日もハナさんは愛子さんの家を訪ねて来ていました。

芋があったから長生きしてる

幼い頃に両親が離婚したという愛子さんは、祖母に育てられました。そのおばぁがつくってくれたというカンダバーのボロボロジューシーは思い出深い料理です。

大宜味村の中でも、塩屋の集落には水田があり、米がとれましたが、収穫量が少ないうえ、ほとんどが出荷に回るため、当時、家庭でごはんを炊けるのは月に1回ほど。それ以外は米の量を節約し、根菜や葉ものを混ぜて炊き込んだ雑炊状のボロボロジューシーを食べました。カンダバーとはさつま芋の葉のことで、おばぁたちにはおなじみの食材です。愛子さんいわく、「葉だけでなく芋も加えれば、甘味があっておいしいよー。芋があったらなんでもできる。あんまり贅沢食べなかったよー。芋があったから長生きしてるんだよ」。この日は島かぼちゃを加えて、甘味を足しました。

「クジキン（クズウコン）もキャッサバ（芋）もたくさんつくって、でんぷんをたくさんとってあったが、人にくれて（あげて）無い」。チャンプルーとイリチィー（炒め煮）、そしてハナさん差し入れのよく煮たミミガー（豚の耳肉）にはケチャップをかけて、私が持っていったラフテー（豚の角煮）を添えて、食卓が整いました。

国から命令が来よった

愛子さんは15歳の頃に戦争に遭っています。昭和14年に制定された国民徴用令で、「国から（命令が）来よったんだよ。徹底的に行かしよった。伊江島に2回、読谷《よみたん》飛行場（本島中西部）に1回行った。兵隊の防空壕を掘ってるのを、土出して運ぶ。伊江島に滑走路つくったんだよ。墓（沖縄特有の大型の亀甲墓。内部が広くなっている）にも寝たんだよ。十十空襲だよ。伊江島は山もないさ。死ぬか生きるかだよ。着の身着のままで一所懸命逃げた。どんだけ苦労したか」。

十十空襲とは昭和19年10月10日の大規模な空襲のこと。那覇の街の9割を焼き尽くした他、飛行場が建設されていた伊江島は標的となりました。愛子さんはまさにその場に居合わせていました。

やっと戻った塩屋の集落でも「いくさ終わってからアメリカー（アメリカ人）が火を付けて燃やした。いくさ負けたから日本の人も一緒になって。自分たちは茅葺きのおうちつくったんだよー。田んぼで米や芋をつくったり、サトウキビもつくった。パイン工場行ったり、なんでもやったよー」。

愛子さんの表情に明るさが戻ったのは、ウンガミ（海神祭）の話題になってからでした。

ウンガミはおばぁの誇り

「私、若いときはきれかったよー。踊りも上手であるし！」。

400〜500年、塩屋湾で続くウンガミは、塩屋のおばぁたちの誇りでもあります。平成9年には国の重要無形民俗文化財にも指定されました。

祭の後半のハーリー（競漕）では、村の女たちは着物を着て、頭にはティサージ（手ぬぐい）と藁のハチマキ、藁のたすきといういでたちで、海へ。腰まで水に浸かって、太鼓を叩いて唄い、ティサージを振りながら、男たちののった舟を迎えます。

「真ん中に神様のせて、ひとつの舟に25名くらいのる。昔は櫂（オール）が揃ってさ、きれいだったことよ！」。櫂の動きは、龍が水をかきわけて進むように見えたと言います。

手振りを付けて唄いだした愛子さん。

「らーらーふららー
ふららーらーらーふららーら！
いやーしーしーしー！……」。

ふらーとは、一番になって速く来いという意味です。私が手振りを真似ると「右、右手だよ、左じゃない！右！ふたつ手でもいい」となかなか手厳しい。「神の行事はおもしろいよー。着物もあるから来たら教えてあげるよ。ミキ（神事のときに米や芋、砂糖でつくる飲物）も塩屋のはおいしいんだよ。カミンチュ（神人）がいるから！」。

帰り際、おうちの外にまで出て見送ってくれた愛子さん。「ありがとうね、いつもありがとう。また遊びにおいでね」と手を合わせながら何度も言って、「愛してるよー！」と笑顔で投げキッスをしてくれました。

（取材：平成28年7月）

愛子さんはウンガミの手振りを教えてくれた。「九州の博物館には塩屋の古い舟が飾られてる。（私たちの）唄も聞けるよ」とハナさん

茹でたミミガー（豚の耳肉）を切り、ケチャップをかけて食べる

いつもはどんなものを食べているのかと問えば「なんでも食べてる！」

茹でミミガー（豚の耳肉）
ケチャップかけ
ラフテー（豚の角煮）
パパヤー（パパイヤ）イリチィー（炒め煮）
ソーミンチャンプルー
ゴーヤーチャンプルー
カンダバーのボロボロジューシー
（芋の葉の雑炊）

● 愛子さんのある日のお昼ごはん

・パパヤー（パパイヤ）イリチィー（炒め煮）
・茹でミミガー（豚の耳肉）
　ケチャップかけ
・ゴーヤーチャンプルー
・カンダバーのボロボロジューシー（芋の葉の雑炊）
・ソーミンチャンプルー
・ラフテー（豚の角煮）

「これ残したらだめよー。たくさん食べてー。
遠慮しないでよー」

カンダバーのボロボロジューシーをつくるには

①米は洗って30分浸水させ、ザルにあげて水気を切っておく
②島かぼちゃは皮と種を除き、１cm角に切る
③カンダバーは葉の部分を摘み取って洗う
④鍋にかつおだしと米を入れ、火にかける。煮立ったら中火にして米が半分煮えた頃にかぼちゃを入れる
⑤米とかぼちゃが煮えたら、カンダバー、油、塩を加え、仕上げに味噌を溶き入れ全体に混ぜ合わせる

その後の愛子さん

愛子さんも奥島ウシさん（52ページ）も好きだったチラガー（豚の顔皮）は共同売店で冷凍や惣菜（茹でたもの）としても販売されていました。

現在94歳となった愛子さんは、顔見知りの多い村内の介護施設で楽しそうに過ごしているとのことでした。

おじぃ特製の棒でつくる神様に供えるウムニー

宮城道子《みやぎみちこ》さん
昭和4（1929）年生まれ
お話をうかがったとき　87歳

ビッグサイズのよもぎ餅

道子さんの背丈には調理台が高く、台所で料理をする姿がかわいらしい。「ちょっと高くないねー？」と聞くと、「ちょっと高いけどね、慣れてるよー。もう30年なるよ」と言います。設計士の息子がつくってくれた自慢の台所なのです。この日は50分蒸すというよもぎ餅の調理から始まりました。

この餅は大宜味村塩屋の名物です。宮城美佐子さん（68ページ）の家から広まったようですが、いまや各家庭に定着していて、おばぁそれぞれに自分流があります。道子さんは13人の大家族を支えてきただけあって、大きな蒸し器で蒸し上げた生地はビッグサイズです。

「昔はまんまるく丸めて蒸しよった」と言いますが、今は蒸してから茶筒の蓋に穴を開けた手製の道具でくり抜きます。その大きさは他の家のよも

「蒸し器に合うように調合しているわけ。蒸し器が大きいからたくさんつくれるわけ」と道子さん。蒸し終わったらきな粉をまぶしたバットに蒸し器を返してムーチィーを出す

沖縄のフーチィーバー（よもぎ）は苦味がやわらか。煎じたものを飲むと風邪や腹痛、胃痛に効くと言われている

ぎ餅の数倍です。自分の子ども6人に加え、親を亡くした孫も引き取って育てたという道子さん。ゴーヤーと魚肉ソーセージのはさみ揚げやタピオカアンダギーなど他の料理もたっぷりと大きく、おやつも交えて品数が多い。大人数の料理をつくるのに慣れている人の、にぎやかな食卓です。

消えつつある行事食

「2つ仏壇があるから、人より多くつくる。シーミー（清明祭。二十四節気の清明の頃に行われる先祖供養の行事。沖縄特有の大きな墓の前で一族が集まり、お供えとともに重箱料理を囲む）も彼岸もあるさ」と道子さん。おばぁたちにとって、仏壇の行事やシーミーは大切な仕事です。

　この日、食卓にのぼった餅粉入りのウムニー（芋煮）も、年に一度つくって神様に供えた一品です。出してきた

竹棒は、このウムニーをつくるためにおじぃ（夫）がつくってくれました。でも、蒸した芋と餅粉を混ぜ合わせるのに力がいり、昔は「男が手伝った。だから今、年寄りもつくらん」。男手がないため、おばぁたちはつくりたくてもつくれないといいます。そのため「行事が今、消えつつあるわけ。若い人はシニヌギル（楽する）。買って間に合わせてしまう。つくらん」。行事を守ってきたおばぁの思いを見たようでした。

トラックにみんなをのせて

子どもの頃、父親は福岡の炭鉱に出稼ぎに出ていましたが送金は少なく、「昔は貧乏と金持ちと大変差があった。戦争のときは東京の軍需工場。それから兵庫県の親戚のところへ行って、伊丹で空襲遭って。3回、空襲に遭った。お父さんはいくさで亡くなった」。

戦争が終わり、塩屋に帰って結婚してからも「とにかくやりくり」の日々でした。「お金ないと子ども養えないから。台風の災害なんかあったら、2人農業していたら（台風で作物がだめになったら）生活できない。うちのおやじ（夫）は大工でお金を毎月入れる。自分が農業。サトウキビは80トン、パインは30トン。車持ってたしね。お父さん（夫）が亡くなった人もいるから、みんな連れて行って畑で下ろして、帰りはまたいっぱいのせて」。

40代で運転免許をとり、トラックにのっていた道子さんは、荷台に近所の人たちをのせて畑を行き来していたのです。女一人で農業をしつつ、みんなで助け合って働いた時代。面倒見の良い道子さんらしいエピソードです。

あるときふと、真っ黒に日焼けした自分の姿を見て、気持ちがふさぎました。「私は洋裁が好きだったのに、なんで農業やってるんだろう。こんな地味な生まれかねーって、あんまり自分がいやになって。これではいけない、視野を広げなければいけないと思って、ジンブン（生きるための知恵）出して、なるべく畑から出る時間をつくって、組織に入って勉強した」と言います。道子さんが言う組織とは農業委員や民生委員のことで、「会合は休まんと行きよった。ユンタク（おしゃべり）もやって、それで気持ちをきりかえたわけ」。葛藤と不自由さの中でもアクションを起こしたのです。

近場の畑は自分で動かして（営んで）いますが、家から遠くにある畑や田んぼは、沖縄県外から移住してきた

この日はおやつもたくさんつくってくれた。そのひとつがウムニーという芋のおやつ。米が十分に食べられなかった時代、年に一回、神様に感謝して供えた。蒸し器に月桃の葉を敷いて、こねた餅粉と芋を一緒に蒸してから混ぜ潰す、とても力のいる作業

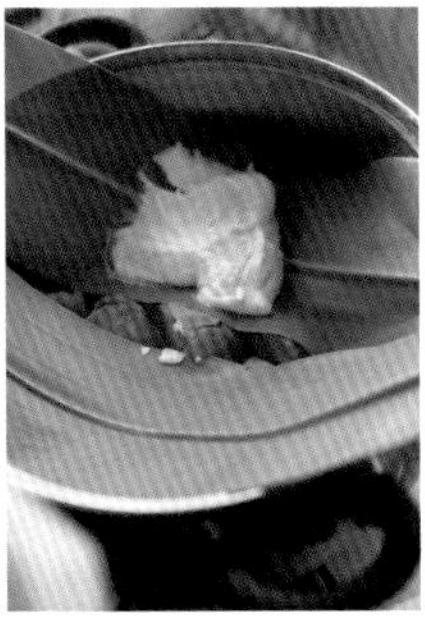

タピオカでんぷんとマッシュした芋を混ぜ、まるめて揚げるタピオカアンダギー。タピオカのもちもち感は餅粉では出せないおいしさ

若い人たちに貸しながら面倒を見ています。行事のたびに、供え物やごちそうをつくったら、彼らを呼んでは持たせます。

大事にしているという帳面には、知人の名前と連絡先がびっしり。

「米寿やった人、カジマヤー（数え97歳のお祝い）やった人、みんな書いてるよ。私、友だちたくさんいるよ」。

（取材：平成28年9月）

ナーベーラー（ヘチマ）の味噌和え
タピオカアンダギー
フーチィーバームーチィー（よもぎ餅）
パパヤー（パパイヤ）チャンプルー
ゴーヤーと魚肉ソーセージのはさみ揚げ
ウムニー（芋煮）
モーイ豆腐

● 道子さんのある日のお昼ごはん

・フーチィーバームーチィー
　（よもぎ餅）
・パパヤー（パパイヤ）チャンプルー
・モーイ豆腐
・ウムニー（芋煮）
・ゴーヤーと魚肉ソーセージの
　はさみ揚げ
・タピオカアンダギー
・ナーベーラー（ヘチマ）の味噌和え

フーチィーバームーチィー（よもぎ餅）をつくるには

①茹でたフーチィーバーを絞り、細かく刻んで、砂糖と一緒にフードプロセッサーに入れ、適量の水を加えながらドロドロにする
②ボウルに水、砂糖、餅粉を加え混ぜ、さらに❶のペーストを追加し、トロッと流れるやわらかさにする
③蒸し器に濡れた蒸し布、その上に月桃の葉を敷いて、❷を流し、40〜50分蒸す
④❸の餅の余熱があるうちにバットに移し、茶筒の蓋に穴を開けた道子さん手製の道具で丸く型抜きをして、きな粉をまぶす

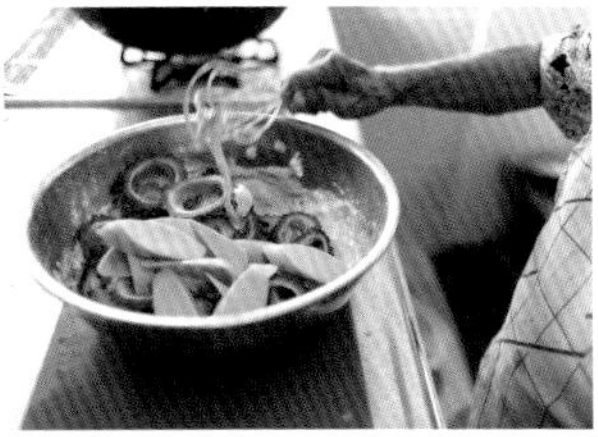

熟す前の青いパパヤー（パパイヤ）は炒め物や和え物で食す。道子さんはにんじんや島豆腐などとチャンプルーに

畑でとれたゴーヤーは魚肉ソーセージと一緒にはさみ揚げに

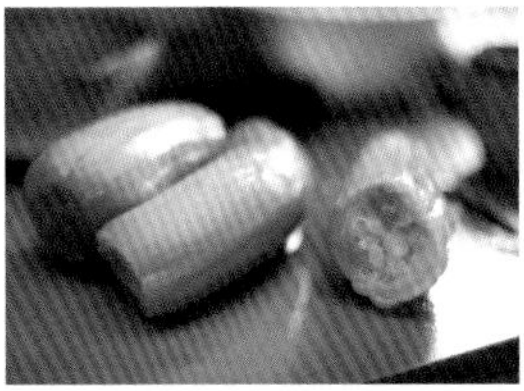

夏野菜の代表、ナーベーラーはウブシー（味噌仕立ての煮物）などにして食べられているが、今日は味噌和え

その後の道子さん

周りの人からの信頼が厚く、一目おかれる道子さん。責任感が強いこともあってか、自分の意思で施設で暮らすことを決めたそうです。どこにいても友だちに囲まれて元気に過ごしています。

巨大な芋を掘り出す腕っぷし 料理上手で頼れるおばぁ

宮城和子《みやぎかずこ》さん

昭和８（1933）年生まれ
お話をうかがったとき　83歳

赤ちゃんほどもある大きな芋

やんばるの台所にはでんぷんが欠かせません。芋などからとるでんぷんのことですが、台風や干ばつなどで食糧難のとき、米や芋といった主食のカサを増したいときに、活躍します。おばぁたちはこのでんぷんを使った料理が抜群に上手です。傷があるものや小さなさつま芋からとるでんぷんの他、クジキン（クズウコン）の根茎やキャッサバ（芋）からとったでんぷんも、おばぁたちの台所の定番です。

この日、和子さんの畑では、キャッサバがその茎を木のような高さまで伸ばしていました。

「キーイモ（木芋）とも言うよ。台風のときはだめ。ひょろっとしてバランスが悪いから、ちょっと風が吹くと芋がすぐ動いてしまう。台風のときは（茎を）つかまえておきたいくらい」と笑います。

キャッサバは掘る前に高く伸びた茎を切り倒し、大胆に鍬を入れる。茎を30㎝程に切ったものが苗。土に垂直に突き刺して植え付けると言う

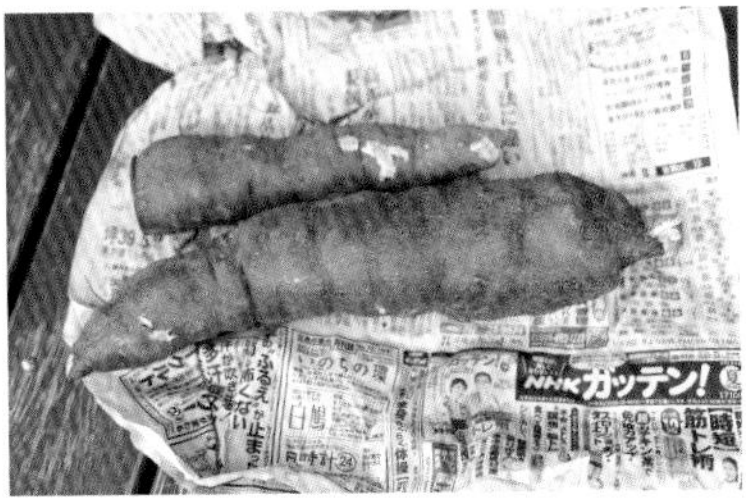

筒切りにして毒性のある皮をむき、水に浸けてから使う

タピオカとしても知られるキャッサバの粉は、もちもちと保水力が高いことから、でんぷんの中でもよく使われます。そのおいしさは動物もよく知っていて、イノシシに食べられてしまうことも。山に近い集落では、囲いをしてからキャッサバを植えます。

さて収穫です。和子さんはまず高く伸びた茎を膝くらいの高さに切り落とします。足が痛くて、もう畑はやりきれない……と言いつつも、大きな鍬を大胆に振り、慣れた手さばきで、人間の赤ちゃんほどもある芋を掘り出しました。

でんぷんをとったカスも無駄にせず

芋を蒸かして食べると、素朴な栗のようにホクホクしています。お正月はシークヮーサーと砂糖で甘露煮のようにして、きんとんのようにいただくことも。和子さんは、ニンニクの葉と一

キャッサバからでんぷんをとった後に残るカスも無駄にしない。小麦粉と合わせれば、アガラサー（蒸しカステラ）をはじめいろいろなおやつができる

緒に軽く炒めて食べるよ、と言います。

もちろんでんぷんをとったあとに残るカスもすべて無駄にしません。カスは乾燥したあと、スピードカッターにかけ粉末にして保存。これを使っていろいろなおやつができます。この日、和子さんは、カスと小麦粉を合わせてアガラサー（蒸しカステラ）をつくってくれました。

弟の手を引いて逃げた沖縄戦

和子さんは10人きょうだいの5番目に生まれました。「今だったら（さつま）芋ごはんはおいしいと言うさ。だけど、もう子どものときは見たくもなかった。毎日毎日、学校の弁当も（さつま）芋でしたね」。食卓でも、蒸かしたさつま芋だけがカゴに盛って出され、「あとは野菜のおつゆだけ。野菜といっても、かずら（芋のつる）ね。田んぼもあったよ。でも米はたくさん

自分でとってくるというあさり。何度も水を替えて砂を吐かせ冷凍している。味噌は手づくり

ほうれん草は白和えに。和え衣は潰した豆腐に白味噌、ツナ、ごま油を加え火を通す。冷めてから茹でたほうれん草と和える

ないから、米を経済（節約）するために芋を入れる。芋を蒸すときについでに蒸す大豆（枝豆）はおいしかったねー。一番おいしいのは豆腐。朝は必ずゆし豆腐。家で毎日つくるから」。朝つくった豆腐は、軒先に置いておくと、近所の人が自分で切り分けて、お金を置いて持って行きました。

　11歳のとき、沖縄戦がありました。10人きょうだいは役割分担をして山に避難しました。「お母さんは末っ子だ

け連れて。姉さんたちはミスマース（味噌と塩）、黒糖……保存食を持つわけさ。私は3歳の妹をおんぶしてから、弟の手を引っ張って逃げなさいって言われて。おばぁは位牌だけ持って。昔から祖先というのは、なによりだから」。

今では笑って言える話もあります。「みんな段畑に寝てるわけですよ。夜、弟がうらん（いない）！どこに行ったかと探したら、段畑だから転がってしまって下まで行ってるわけ。一回転がるところころ転がるわけさ（笑）」。

毒性があり、食べ方を間違えると中毒死することもあるソテツすら、ヘーラニー（幹）まで食べたという和子さん。「おつゆに入れて。むちむちして、おいしいではあったよ」となんでもないように話しますが、食べる知恵があったから生き抜くことができた時代の証言です。

（取材：平成29年２月）

● 和子さんのある日のお昼ごはん

・キャッサバとピルヌファー（ニンニク葉）の炒め物
・ほうれん草の白和え
・２色の玉ねぎのサラダ
・漬物
・春菊の茎のきんぴら風和え物
・キャッサバのカスのアガラサー（蒸しカステラ）
・もちきびごはん
・あさりの味噌汁

春菊の茎のきんぴら風和え物をつくるには

①豚ばら肉はかたまりで箸がささるくらいまで茹で、３㎝の拍子木切りにする
②春菊の茎は茹でて皮をむき、３㎝に切る
③にんじんは拍子木切りにして茹でる
④フライパンに油を熱し、肉を炒める。火を止め、春菊の茎、にんじん、ニンニク葉を、塩、しょうゆで和える

和子さんのこと

かつて私が大宜味村の学校給食センターに勤めていたとき、和子さんは塩屋小学校の用務員をしていました。明るく親切な人柄は、この日の料理の色合いやハイカラな盛り付けからも感じられました。

揚げ物、和え物、イリチィー家族のごはんを毎日つくる

平良《たいら》キクさん　昭和7（1932）年生まれ
お話をうかがったとき　84歳

豚の血を使う料理

島（シマ）チシャの白和え、チーイリチィー、じゃが芋の丸揚げにかき揚げなどが並んだキクさんの食卓。一緒に食べる孫たちの好みを考えて揚げ物もよくつくります。「孫とけんかばっかりやってるよ！」と話す言葉とは裏腹に、優しい表情です。

豚の血と肉や内臓などを一緒に炒めたチーイリチィーは旨味やコクがあり、好きな人も多い料理です。先祖や神様に捧げ、行事などによくつくられます。豚の「鳴き声以外はすべて食べる」と言われる沖縄では、飼っている豚を正月に潰し、ごちそうをつくるのは恒例のことでした。そのときに出る血は料理に使います。現在、豚を飼っている家庭はほとんどありませんが、店で豚の血を使ったチーイリチィーが惣菜で売っているので、これにさらに野菜を加えて料理します。

「孫とけんかばっかりやってるよ。ボケ防止！」と威勢がいい

畑やらんとヌチが短くなる！

季節をよみ、野菜を人一倍上手に育てるキクさんは、集落で「畑の先生」と呼ばれています。この日、丸揚げにしたじゃが芋も、「集落の共同売店で売っている品種とは違うのを育てているわけ。もちもちしておいしいよ」と口角を上げます。3つある畑には毎朝9時過ぎに足を運び、昼頃までせっせと世話をしています。

「野菜も生きものさ。見に行って水をかけなければできないし、草もとらないといけないし、怠ったらだめ。だから行くわけ。野菜も人間を見るのかね」。

以前、一週間入院したときも「畑をやらんと、ヌチ（命）が短くなる！」と医師に訴えました。毎日、畑でやることがある。明日やりたいこと（植えたい種や苗）があるというのは、人を元気にします。

野菜はいっぱいあるから、豆腐とツナだけ買ってくればなんでもできると言い、同居する息子や隣に住む娘一家の食事を毎日つくっています。

沖縄戦下の意外な食事情

子どもの頃は、食べものに苦労しました。

「芋中心だった。ソテツも食べたよ。だから自分たち大きくなりきれなかったよ（笑）。ソテツは腐らせないと中毒するわけ。川できれいに洗ってさ、中のやわらかいところだけとって、魚のだしに入れて、炊いて食べよったわけ。米は行事のときしか食べられなかった。隣の子どもをおんぶしてさ、子守りやったらごはん食べらしよった（食べさせてもらった）から嬉しくてさ」。

沖縄戦は12歳のときでした。「さんざん記憶あるよ。満1歳の末っ子を泣かさんようにおんぶして、山に登って」。でも、キクさんの話でユニークなのは、避難した山での食事情です。

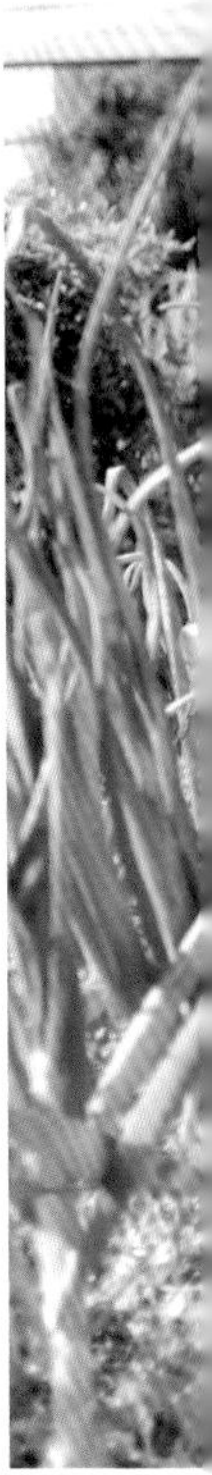

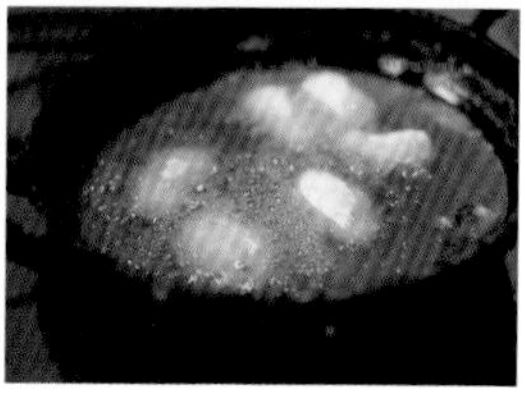

毎日のように孫たちの食事をつくるから揚げ物もする。小さなじゃが芋を丸ごと揚げてくれた

他の誰より用意周到で、あまり困窮した記憶がないと言います。「芋とか米もあったかな。豚も塩漬けしてからカメに入れて、お母さんが担いだよ。ヤギも養っていたからさ、潰してさ、塩漬けにして。ゆとりあったよ。食べるものはあったよ。水も川にありよった。使われていない炭焼き窯で隠れて夜にごはんを炊きよった。麦を炒めて粉にするわけ（麦こがし）。黒糖入れてから持って行きよった。自分でつくった麦だから、おいしかったな」。

　戦争が終わり、高校生の頃にはこんな思い出も。「自分で芋の皮むいてさ、油でぱーっと炒めて弁当に詰めて持って行くでしょ。（大宜味は漁村だったから）魚をおかずで持って行くさ。国《くに》頭《がみ》（大宜味村に隣接する）の人たちは米がいっぱいあるから、ごはん持って来るさ。ごはんと魚、交換やって食べよった」。

平良キクさん

おばぁ流の白和えは熱を加える。「余熱があるうちに野菜を和えると、野菜がしんなりしてたくさん食べられる」と言う

じゃが芋、にんじん、葉野菜、豚肉などを入れた具沢山の味噌汁

豚の血と肉や内臓などを一緒に炒め煮たチーイリチィー。ここににんじん、大根、ニンニク、チリビラ（ニラ）なども加える

地域のことを引き受ける

　大人になったキクさんは、働き者だった母のように、さまざまな仕事を経験しました。同じ村で育ち結婚した夫は、「なにかあれば平徳《へいとく》さん」と言われるような、地域のことをなんでも引き受ける人でした。自身が親を早くに亡くしたこともあり、キクさんの母親を「塩漬けにしてでも生かしたい」と、大事にしてくれたと言います。おかげで母親は１００歳まで生きました。

　平徳さんはランを育てる名人でもあり、観光客が自宅に花を見に来るほど。亡くなった今も、庭はランの鉢でいっぱいです。「主人の置き土産。あんたは孫の成長を見ないで逝っちゃったんだから、私を元気にさせてちょうだいよと言っていつも朝、仏壇に線香立てて、お茶淹れてるわけさ」とキクさん。「必死だったよ。いろんなことをしてきたね。だから今があるわけさ」と、血色のいい顔をほころばせました。

（取材：平成29年４月）

ちょうど収穫期だったじゃが芋を
たっぷり使った料理が並ぶ

● キクさんのある日のお昼ごはん

・梅干し（自家製）
・チーイリチィー
（豚の血の炒め物）
・サラダ
・島（シマ）チシャの白和え
・じゃが芋入りかき揚げ
・じゃが芋の丸揚げ
・きゅうりの酢漬け
・豚肉と野菜の味噌汁

じゃが芋入りかき揚げをつくるには

①じゃが芋、にんじん、玉ねぎは皮をむいて、千切りにする。チリビラ（ニラ）は3㎝長さの小口切りにする
②ボウルに❶の材料と卵、塩を加えて混ぜる。最後に小麦粉をさっくり混ぜて5〜6等分にし、180℃に熱した油でからっと揚げる

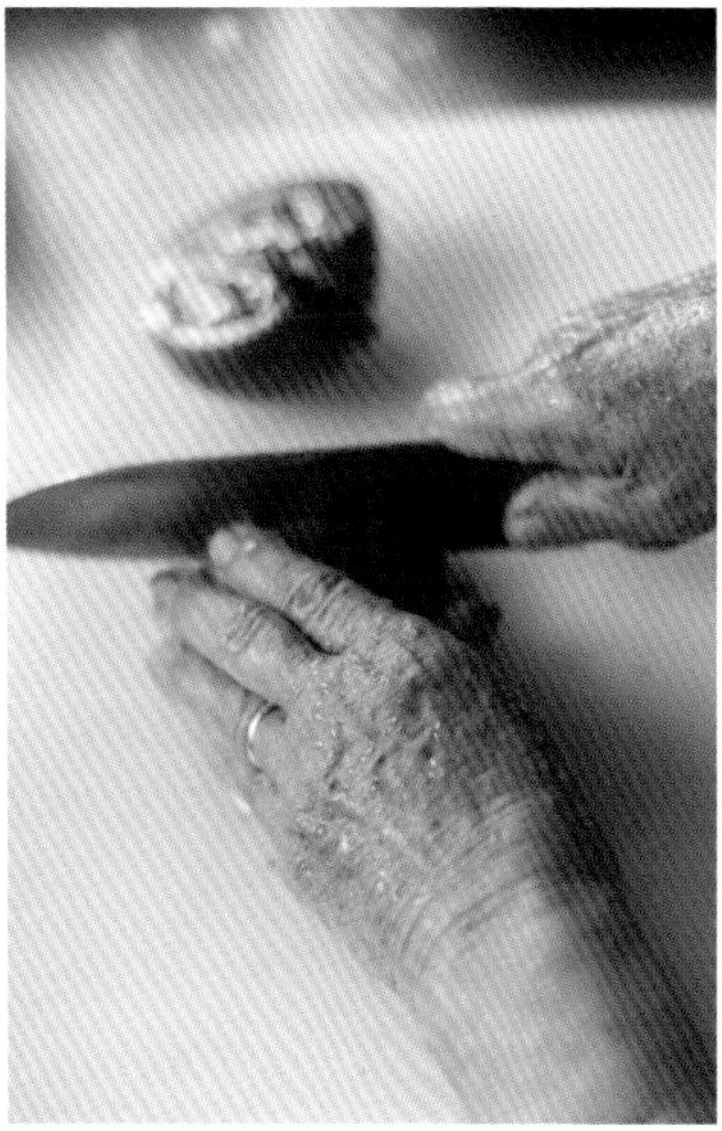

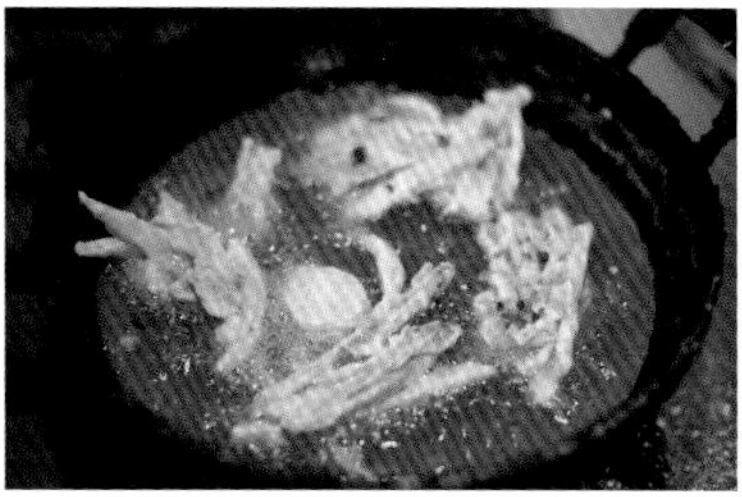

おばぁたちで集まるときにつくるのが、みんなが好きな島チシャの白和え。豆腐に熱を加えるのは、シャキシャキした生の野菜よりソフトにしたほうが喉越しがいいから。昔は貝の身やウニを蒸し焼きして入れた

その後のキクさん

取材当時、畑仕事をする人が少なくなってきて、寂しく思っていたので、この日はたくさん喋りました。

豊年祭の行事では踊りを指導する立場だったキクさん。現在90歳。骨折、入院、リハビリを経て、自宅から元気にデイサービスに通っています。

2章

残したい、やんばる伝統の食材と料理

戦争や食糧難を経験し、つくらなければ食べられない時代を過ごしたおばぁたちは、やんばる・大宜味村ならではの食材を生かし切る調理法や保存法を、当たり前のように実践し続けてきました。大宜味村ならではの食材とは、海と山々の恵み、そして、南国の気候の中、手をかけた畑で育てる島野菜です。

これらの地域食材がどう根付いたのか、定番の料理をどうやってつくりつないできたのか。1章で紹介したおばぁたちの日々のごはんと暮らしの理由がここにあります。

「長寿県沖縄」を育てた主食、ウム（さつま芋）

ウムとカティムン

ウム（さつま芋）は洗って鍋に入れ、かぶるくらいの水を加え、ふたをして中火で煮ます。電子レンジで蒸しても良いでしょう。カティムンはウムをおいしく食べるためのおかず。写真のカティムンは、季節の野菜と豆腐を取り合わせたウブシー（味噌仕立ての煮物）、野菜たっぷりの味噌汁、塩辛（スクガラス、イカガラス）、アンダミス（油味噌）です

チーチーカーしないよう具沢山の味噌汁や、汁気の多いおかずと食べます。

沖縄の食を伝えるのに欠かせないのがウム（芋）です。芋は、1600年頃に中国から沖縄（琉球）に伝わり、琉球から薩摩藩に納められたと言われています。その後「さつま芋」として全国へ広まっていきました。こうした歴史もあり、沖縄のムカシンチュ（昔の人）は、さつま芋ではなく「芋」と呼んできました。

芋は、第二次世界大戦後もしばらくは主食として食べられていました。保水性が低い土地でも育ちやすく干ばつに強いこと、地中に茎・芋ができるので台風被害から守られることから、沖縄に適していたのでしょう。食材を自分たちで育てなければ食べられない時代だったので、大宜味村では一年中

畑で育て、畑を貯蔵庫にして、その都度食べる分だけ収穫していました。

　さつま芋といえば、今ではおやつのイメージがあります。でも、主食として食べられていた頃のものは、今のように甘くはありません。お腹を満たすには、おいしく食べるためのおかずが肝心でした。そして、ふかすとふくふくと粉をふく芋は、それだけを食べたのでは喉につかえます。水分のないものが喉につかえることを沖縄では「チーチーカーカーする」と言うのですが、おばぁたちのところに行くと、「笑子。ウリイ（はい）、ウムよ、カディいけ（食べていきなさい）。喉がチーチーカーカーしないように、お茶もカティカティ（一緒に、交互に）食べるんだよー」と言われたものでした。チーチーカーカーせずに芋をたくさん食べるには、汁気のあるものを一緒にとる必要がありました。

　甘くない芋をおいしく食べられるおかずとして一番よかったのが、野菜がたくさん入った味噌汁です。今でも沖縄の味噌汁は具沢山なのですが、それは主食に芋が食べられてきたからだと思います。他にも、汁気の多いおかずが芋にはよく合います。例えばナーベーラーウブシー。ナーベーラーはヘチマ、ウブシーは味噌煮のことです。水分をいっぱい含むナーベーラーは、加熱するとドゥ汁（素材自体の水分）が出て味噌と混じり合うのがおいしいのです。

　芋は、お腹を満たすだけでなく、栄養面でも沖縄の人々を支えてきました。熱に強く壊れにくいビタミンCをはじめ、ビタミンE、β-カロテン、そして食物繊維を多く含み、また、紅芋の紫色はアントシアニン（ポリフェノールの一種）で、強い抗酸化作用があります。私は、沖縄の元気な長寿者を育てたのは、主食として食べられてきたさつま芋だと思っています。今では米を食べることが当たり前になりましたが、時々は「ウムとカティムン（おかず）」、おすすめですよ。

「畑に草が生えないように、カンダバーを植えておこう」おばぁたちは口々に言います。

　沖縄では、芋だけでなく葉の部分・カンダバーも野菜としていただきます。主食として食べていた頃、芋は二期作でした。家族が食べる分をがんばってつくり、収穫したらまた次々とカンダバーを植え、畑を遊ばせることはありませんでした。だからどこのうちでも常にカンダバーには恵まれていて、

「長寿県沖縄」を育てた主食、ウム（さつま芋）

いつでも食べられる緑黄色野菜として食生活を支えてきたのです。特に瓜類が主な野菜となる夏には、カンダバーは貴重な葉野菜でした。

夏、うだるような暑さの中では簡単には野菜は育たず、草むしりの作業さえ厳しいものです。主食が米に変わってからは体力に合わせた自給菜園の場となった畑ですが、だからといって草を生えっぱなしにしておくことは、おばぁたちは納得できません。だから口々に「カンダバーを植えておこう」と言います。カンダバーを植えれば雑草が生えにくくなるからです。そして、もし台風により他の野菜が被害を受けたとしても、地中に根があるカンダバーがすぐに芽を出し、食生活を助けてくれます。夏の雑草予防と台風の備え、どちらにもカンダバーが役立つのです。おばぁたちが日頃からよく食べ

カンダバーのウサチ

ウサチは酢を使った和え物。カンダバー（さつま芋の葉）をさっと茹で、水で洗って軽く絞り、食べやすく切ります。白味噌、砂糖、ここでは酢の代わりにシークヮーサーの果汁を混ぜた味噌だれ、糸削りがつおで和えたらできあがり

ているカンダバー料理は、ボロボロジューシー（雑炊）、ソーミン（素麺）汁、豆腐を取り合わせたウブシーやイリチィー（炒め煮）。なかでも、カンダバーとツナとシークヮーサーの果汁の和え物は、「なんであんなにおいしいの!?」と驚くほどです。シークヮーサーの酸味と香りとの相性が良いのでしょう。我が家では、残りごはんにカンダバーをたっぷり入れたボロボロジューシーだけの簡単な食事にすることがたびたびです。

小さな芋もでんぷんにして、非常時の食材として大切に保存していました。

おばぁたちは、小さな余り芋や傷のある芋も無駄にしませんでした。芋をすって水に混ぜ、沈殿したら上澄みを捨てる。水がきれいになるまで繰り返して、沈殿した

ものを乾燥させる。そうやって自分たちででんぷん（クズ）に加工したのです。台風や干ばつなど非常時の食材にもなるため、どの家でも大切に保存していました。

　でんぷんは工夫されていろいろな料理に使われてきました。例えば、クジムーチィー（くず餅）は

クジムーチィー、クルザーター入り

タピオカでんぷん、水、クルザーター（黒糖）を混ぜ、電子レンジで加熱してこねることを２～３回繰り返します。透き通ってきたら、油を塗ったバットに平らに伸ばし、きな粉をふって冷蔵庫へ。冷えたらきな粉をまぶしながら一口大に切っていただきます

「笑味の店」のでんぷんを使った定番メニューは、タピオカアンダギー（左）と卵入りヒラヤーチィー（右）。ヒラヤーチィーはもちもち感をアップするため、お店ではくるくる巻きにして提供しています

模合《もあい》（お金を出し合って生活費などを工面し合う仕組み）の集まりのときなどによくつくられるおやつ。宮城ハナさん（46ページ）は、友だちが来るとユンタク（おしゃべり）しながらクジムーチィーをつくり、チャーウキ（お茶の友）にしてもてなします。

　他にも、アンダギー（揚げ物）、ウムニー（芋煮）、ヒラヤーチィー（平焼き）、ハッカーシー（でんぷんの炒め煮）、ジーマーミー（落花生）豆腐など。子どものおやつや、やーさのーし（小腹を満たすもの）になるものが多く、できたてのアチコーコー（熱々）をフゥフゥしながら食べるのがたまりません。

　そのうちに沖縄ではさつま芋以外のでんぷんも使うようになりました。クジキン（クズウコン）や粘りの強いキャッサバのタピオカでんぷんが広まっています。

生活を支えたのは、目の前にある海の恵み

刺身のシークヮーサー味噌和え

新鮮な魚を三枚におろして、皮に綿布を当て熱湯をかけたら氷水に取り、切ります。薄切りの野菜と一緒に、赤味噌にシークヮーサーの果汁とみりんを混ぜた合わせ味噌で和えます。写真の品は、魚介はイラブチャー（ブダイ類）、赤マチ（ハマダイ）、ミジュン（イワシ、小魚）、タコ、野菜は新玉ねぎときゅうりを使いました

魚をたくさん食べて
よく身体を動かしているから
おばぁたちはみんな骨太！

　海に面した大宜味村は、かつて漁業が盛んでした。平坦地が少ないこの土地で生計を立てるには海が頼り。男たちはサバニ（舟）で漁に出て、釣った魚は女たちがタライやティール（背負い竹カゴ）に入れて一軒一軒売り歩いたそうです。田畑に恵まれた地域では農作物と物々交換することもあり、「米と交換してきたときは米が食べられたから嬉しかったよ」と話すおばぁもいました。

　サバニが大漁旗を掲げて海から戻るときは子どもも年寄りも喜んで海辺に集まって、その場で新鮮な魚を手開きにし、塩水で食べていたそうです。また、売り物にならない小さな魚は浜の岩の上に並べて干したり、塩漬けにしたりし

て保存。干した小魚はフライパンでカリカリに炒っておかずに。包丁で砕いて味噌汁のだしにも使います。魚を食べてカルシウムをたくさんとっているからか、おばぁたちは骨太な人が多く、特に奥島ウシさん（52ページ）はグローブみたいな手に地下足袋のように裏がしっかりした足が特徴でした。それくらい魚に恵まれた集落なのです。

亜熱帯のこの地域でとれる魚は、赤青黄色と色鮮やか。初めて目にする人は、興味は持てても食べたいとは思わないかもしれませんね。でも、大宜味村のお年寄りは調理方法を工夫して、好んで食べてきました。焼き魚はあまりしませんが、刺身や煮魚、汁物で、また、普段は油を節約していたものの祝い事では魚をから揚げや天ぷらにしました。刺身のミスエー（味噌和え）、魚汁、マース（塩）煮は今でも日常的に食卓にのぼりますし、バター焼きや南蛮漬け、マリネなど多彩に食べられるようになりました。

大宜味村では昔から、行事や祝い事に決まった料理をいただく習

面倒な作業はあっても
食べたくなる、
身体が求める味なのです。

魚汁（魚の味噌汁）

魚はウロコと内臓を取り除き、筒切りに。鍋に湯をわかし、中火にして魚を入れ、アクを取りながら20分ほど煮ます。島豆腐を大きく切って入れ、赤味噌を溶き、仕上げに刻んだビラ（葉ネギ）を加えます。写真の魚汁は、ミーバイ（ハタ）を使用しました

慣があります。私の住んでいる大《おお》兼久《がねく》で旧暦の4月14、15日頃に行われる「アブシバレー」は、やんばるの神に酒を供えて、豊作と生まれた子どもの健康を祈願する行事で、ハーリー（競漕）も行われます。公民館で慰労会を兼ねた交流が催され、〝いつものごちそう〟が振舞われます。ヒージャー（ヤギ）汁にヤギの刺身、そして魚汁、刺身のミスエーも欠かせません。新鮮な魚と瓜など季節の野菜を、酸味を利かせた合わせ味噌で和えたもので、漁師飯としておなじみでした。漁師たちは船出のとき、主食にしていたさつま芋だけでなく、酢や酢の代わりのシークヮーサー、味噌を忘れなかったようです。そして家庭でも、とれたての近海魚と身近にあるシークヮーサーを使い、繰り返し食べられてきました。

我が家は目の前が海。毎年、台風の多い8月頃になると、5〜7cmくらいのミジュン（イワシ、小魚）が大物魚に追われるように朝一番に浅瀬にやって来て、身を守るために大きなかたまりになります。そして散ったり移動したりを繰り返しながら、夕方には沖へ帰って行きます。釣り好きな夫と息子の楽しみの場であり、我が家の食卓も魚に恵まれます。ミジュンはから揚げ、南蛮漬け、マリネ、オイルサーディンなどでもいただきますが、刺身のミスエーは欠か

スルルーグヮのマース煮

鍋にスルルーグヮ（きびなご）、魚の臭み消しになるイーチョーバー（ウイキョウ）、塩、浸るくらいの水、油1〜2滴を入れ、ふたをして煮汁がなくなるまで中火で煮ます。パチパチという音がして焦げ目がついたら火を止め、ふたをしたまま5分おいたら食べごろ。シークヮーサーや、軽く塩もみした島らっきょう、イーチョーバーと盛り付けていただきます。イーチョーバーの代わりに、ミントやバジルなどのハーブをちぎって一緒に煮てもおいしいです

せません。ちょうどシークヮーサーも青果が旬の時期。その酸味と香りの効いた味噌だれがからんだミジュンは、三枚開き、腹開き、丸ごと包丁で叩くなど面倒な作業はありますが、暑さの中で身体が求める味なのです。コーレーグース（泡盛に島唐辛子を漬けた調味料）を加えてもおいしいです。

「笑味の店」のお客様に
マース煮の
つくり方を説明すると、
「僕でもできそう！」と。

沖縄の伝統的な魚の調理方法にマース煮があります。マースとは塩のこと。ひとつまみの塩を使い、少量の水と1〜2滴の油で煮ることで、素材の持ち味がしっかりと生かされ、揚げ魚と焼き魚の中間くらいのやわらかさと食感に。お年寄りや魚好きに好まれる最高の料理です。煮ることで身体に良い脂肪酸が失われにくくなり、魚を余すことなく丸ごと味わえます。

夏の暑い最中でも、程良い塩味が食欲をそそり、身体も喜ぶうえに、フライパン一枚でつくれる手軽さもあって、おばぁたちの家庭料理として今に受け継がれてきたのでしょう。

笑味の店のお客様にマース煮の作り方を説明すると、「僕（私）でもできそう！　つくってみよう」とよく言っていただきます。私がとっても普及させたいと思っている沖縄料理のひとつです。

マース煮に使うのは、大きい魚でも小さい魚でも大丈夫。やんばるでよく食べられてきたのは、スルルーグヮ（きびなご）です。昔は地元でとれたものを刺身でもいただきましたが、残念ながら今は手に入るのは鹿児島産の冷凍物。それでも安くておいしいので、マース煮や天ぷらなど加熱調理して食べ続けられています。

マース煮は、いろいろアレンジもできます。サバの開きなら、塩は控えてしょうがの千切りと煮て、仕上げにみりん、しょうゆを入れ照り焼き風に仕上げるとおいしいです。我が家では、サンマの脂肪酸をとりたいがために、腹開きにしてフライパンで両面を焼き、ぽん酢でいただきます。フライパンを上手に使いこなすお年寄りに私も似てきたかもしれません。

スミ汁は、「下げ薬」。
のぼせや頭痛に良いと
されてきました。

魚以外の魚介類で、やんばるの人たちがよく食べてきたのはピンガーイチャー（トビイカ）。宜名《ぎな》真《ま》沖の海でとれたので、お年寄りは宜名真イカとも言いました。シルイチャー（アオリイカ）やクブシミ（甲イカ）は高級で、売り物にしていたのだそうです。

イカは、イカスミも使ってスミ汁にして食べます。イカと豚肉、インガナ（ニガナ、ホソバワダン）を煮込み、味噌とイカスミを入れて真っ黒い汁物に仕上げたものです。「サギグスイ（下げ薬）」と言われ、のぼせや頭痛、産後の回復に良いとされてきました。

イカスミはスミ汁以外にも、さつま芋とカンダバーを入れてボロジューシー（雑炊）にしたり、ソーミン（素麺）チャンプルーやイカガラス（塩辛）に入れて使ったりもしました。だしが利いておいしくなります。

シルイチャーのスミ汁

シルイチャー（アオリイカ）はスミ袋を潰さないように取り、身は皮をむいて繊維に逆らって短冊に、足も長さを揃えて切ります。豚の赤身肉、インガナ（ニガナ、ホソバワダン）も形を揃えて切っておきます。鍋にシルイチャー、インガナ、豚肉、だしを入れ、中火でアクを取りながらやわらかくなるまで煮たら、赤味噌と塩で調味。最後にスミを絞り入れます

地域や家庭によって工夫が見られるモーイ豆腐は　おばぁの腕の見せどころです。

海の恵みといえば、海藻も忘れてはいけません。そのひとつがモーイ（イバラノリ）。昔から各家庭で乾燥させたものを常備し、料理に使ってきました。寒天のように固まる性質を利用して、煮溶かしたものに具と調味料を加えた寄せ物をモーイ豆腐と言います。豆腐のように固めるところから名がつきました。やんばるでは、正月やお盆、行事食などの重箱料理には欠かせません。

モーイ豆腐は、おばぁたちの好

モーイ豆腐

乾燥モーイ（上）は洗ってざく切りにし、だしを入れて火にかけます。しんなりしたら弱火にして塩、ツナ、みりん、しょうゆを加え、とろっと煮溶けたら火を止めて、刻んだピルヌファー（ニンニク葉）を混ぜます。バットに流し入れて表面をならし、冷蔵庫で冷やし固めます

物であり、自慢の得意料理でもあります。というのも、取り合わせる素材はポークやツナ、コーンの缶詰、しいたけやグリンピースなど、地域や家庭によって工夫が見られ、おばぁの腕の見せどころなのです。とはいえ、モーイ豆腐が好きなおばぁは、「なにもかも入れないでよ～」と、磯の香りを生かした味を求めます。

最近では、モーイの収穫量は少なくなり入手が難しくなっていますが、大宜味村の人々にとっては大切な素材です。次世代につなげるためには、使い続けることが必要だと思っています。

お祝いの定番ごちそう、豚料理

豚の胃袋や腸を具にした中身汁は、定番の祝い料理です。

沖縄では、お正月や祝い事など、大勢の人が集まるときの定番のおもてなしは豚料理です。「鳴き声以外はすべて食べる」と言われるように、肉だけでなく内臓も皮も血も工夫して食べてきました。やんばるでも行事のときには豚を一頭潰して、いろいろなごちそうに仕上げました。

中身汁も定番の祝い料理のひとつです。「中身」とは豚の胃袋や大腸、小腸のこと。中身を具にしたしょうゆ仕立てのおつゆが中身汁です。最近では家庭料理として、日常的に食卓に上がるようになりました。豚を潰して中身を使うときには、おからや小麦粉を使って丁寧にもみ洗いし、脂や臭みを取り除く必要がありましたが、今では、きれいに処理されたものが冷凍で売られて便利になり、活用されています。

我が家では、イナムドゥチ（豚肉入りの甘味噌仕立ての汁）風の中身汁がお気に入り。大きいままの中身に豚赤身肉、大根、にんじん、干ししいたけをたっぷり加えて煮込み、甘味噌を2～3回に分けて入れ、味を浸透させるように弱火で煮て仕上げます。濃厚な味噌に包まれた中身は、野菜が入ることで旨味が増して、よりおいしくなります。香り野菜やしょうがを入れてもよし。中身の苦手な方にもおすすめできる一品です。

中身汁

豚の中身は1～2回茹でこぼしてよく洗い、赤身肉はブロックで茹でてから短冊切りに。茹で汁にかつおのだしを加え、中身と赤身肉、しいたけやこんにゃくを入れて中火で煮ます。塩を入れ、やわらかくなるまで煮て、仕上げに塩としょうゆで味を調えます。お好みでおろししょうがを薬味にどうぞ

足ティビチ

豚足は皮をきれいにこそぎます。鍋でかぶるくらいの水と泡盛で2〜3回茹でこぼしてから、水で1時間半から2時間ほど、アクを取り除きながら煮込みます。味付けはしょうゆと砂糖で、塩は適宜。大根やにんじん、青菜などの野菜、結び昆布や厚揚げなども一緒に煮るとおいしいです

身体に染みわたるおいしさには「ヌチグスイサビタン!」と感謝の言葉が出ます。

中身汁と並ぶおなじみの豚肉料理に足ティビチ（豚足の煮込み）があります。親戚など大勢の人が集まるときのごちそうとして食べられてきました。

下処理した豚足を、パパヤー（パパイヤ）、シブイ（冬瓜）、大根などたっぷりの旬野菜と一緒に、ゆっくり、コトコト。おでんのように気長に煮込みます。豚足のコラーゲンと野菜が溶け、さらに干ししいたけ、昆布、かつおだしの旨味も加わってできた煮汁は、独特なコクがあり、身体に染みわたるおいしさ。「ヌチグスイサビタン（命の薬になりました）」「クワッチーサビタン（ごちそうになりました）」と感謝の言葉が自然に出てくる一品です。

豚足は、かつては生のものを使っていたため下処理が必要でした。最近は下処理が済んだ冷凍パックが出回り、ずいぶんと使いやすくなっています。とはいえ、足ティビチは時間がかかる煮込み料理。私は、大鍋で一度にたくさんつくり、何度かに分けて食べています。食べる前日の夜、その日の夕食をつくるついでに、豚足の処理をして空いているコンロである程度煮ておきます。当日は、他の材料を加えてアクを取りながら煮含めればできあがり。温め直しのたびに違う青菜（カラシナ、水前寺菜、よもぎ、ニンニク葉など）を加えれば、変化を楽しめます。今でいう〝味変〟で、それをずっと前からやっていたんですね。時間はかかりますが、これさえ煮込んでおけば2〜3食分のおかずになり、私にとっては、忙しいときにつくる便利な料理でもあります。

そしてここにも、おばぁたちの知恵は生きています。冷蔵庫のなかった時代、残った煮込み料理を無駄にしないように、ひと煮立ちさせては次の食事で食べていました。そして、煮直すたびに新鮮な野菜を加える工夫を忘れませんでした。タギラシケーサー（何度も温め直すこと）で、ニークーター（煮くずれた状態）になった料理。見た目は良くないかもしれませんね。でも、たっぷりの野菜を煮込んで煮込んで、まるで繊維のかたまりのような、それでいてやわらかく食べやすい料理は、お年寄りにとっては自然に効率的に食物繊維のとれるものでした。見栄えの良い生野菜のサラダと食物繊維の量を比べたらどちらが多いか、想像してみてください。私たちが真似しなければ損をする健康のヒントが、ここにあると思います。

朝食の主役はイマドウフ

アチコーコーの豆腐を買うのに、
共同売店が開く前から
おばぁたちは並んでいました。

沖縄では、地域ごとに住民みんなで運営する共同売店があり、食料品や日用品が販売されています。大兼久の共同売店の一日は、朝一番にできたてでアチコーコー（熱々）の島豆腐が届くところから始まりました。以前はそれぞれの家庭で手づくりしていた豆腐ですが、だんだん買い求めるようになりました。生の豆腐は傷むのが早いので、その日に売り切れる分くらいしか入荷しません。だからおばぁたちは、売店が開く前に並ぶこともたびたび。お年寄りはみんな、できたてでアチコーコーの豆腐が大好きなのです。島豆腐は店頭で「私が主役よ」と言わんばかりに目立っていました。でも残念ながら、それは懐かしい情景になりつつあります。

島豆腐は一般的な豆腐より大きく、半丁（約６００ｇ）単位で売られています。冷蔵庫がない時代はその日のうちに食べないと傷むので、工夫して2〜3食に分けていただきました。朝は生のまま身近にある食材とともに、昼は季節の野菜とチャンプルーにして、夕はウブシー（味噌仕立ての煮物）や呉沢山の味噌汁に入れて。潰して味噌を加え、青菜の和え衣として使ったり、それをフライパンで焼いたり。また、共同売店は人の集まる場でもあり、みんなでお酒も飲むのですが、豆腐はつまみにもなりました。定番は、豆腐の上に缶詰の魚をのせたもの。こうして毎日のように食べられてきた豆腐は、やんばるの暮らしに欠かすことのできない食材です。

できたてのうちに生のまま食べる豆腐を、やんばるでは生豆腐と書いてイマドウフと呼びます。大きく切ったイマドウフに、貝割大根、葉ねぎ、大根やモーウィ（毛瓜）のシリシリ、トマト、新玉ねぎなど野菜をのせて、さらには、削りがつお、ツナ、イワシ、サバの缶詰類、スクガラスやイカガラスなどの塩辛を取り合わせて、毎朝のようにいただきます。今は「朝食はパン」という方が多いですよね。パンと一緒にバター、チーズ、ジャム、サラダを食べるのと同じようなものかもしれません。

生豆腐（イマドウフ）

豆腐と仲良しの食材をたっぷり添えていただきます。おすすめは、薬味（しょうが、唐辛子、削りがつおなど）、魚の缶詰（サバ、イワシ、ツナ）、塩辛（スクガラス、イカガラス）、季節の野菜（貝割大根、ねぎ、大根、トマト、きゅうり、新玉ねぎ）です

太陽が育てる島野菜

大宜味村が長寿を育ててきた背景には、濃い緑、濃い紫、赤や黄色などの緑黄色野菜をたくさん食してきたことがあると思います。南国ゆえ、野菜や野草には一年中恵まれます。独特な味で個性的な野菜はどれも栄養価が高く、「クスイムン（食は薬）」として食べられてきました。

特に夏、太陽の強い日差しを浴びて、紫外線に耐えて生きようとする野菜は、この土地で暮らす人たちにとっての命の野菜。水分を保つためと言われる〝ぬめり〟のある野菜が多く、ビタミンや鉄分を含み、また、ポリフェノールの強い抗酸化作用を持ち血管を元気にしてくれます。

●パパヤー（パパイヤ）

青パパヤーイリチー

青パパヤー（パパイヤ）は縦に割り、水で洗いながら皮をむいて種を除き、千切りにします。鍋に油を熱してパパヤーを炒め、だし、しょうゆで煮ます。仕上げに塩で味を調え、切ったチリビラ（ニラ）と削りがつおを混ぜます

今日のおかずはなんにしよう？パパヤーにしよう！

やんばるの島野菜の中で、昔から一番食べられてきたのは、パパヤー（パパイヤ）でしょう。私の周りのお年寄りはパパヤーをマンジュウとも呼びますが、ここではパパヤーとします。

パパヤーはやんばるで暮らす人にとっては、「身土不二《しんどふじ》」を体現する食材。どこの家でも庭先に1～2本は育っているのが当たり前です。パパヤーの木は、上へ上へと成長しながら、順々に実をつけます。下の実が大きく育って収穫する頃に、上では花が咲き、それがまた実となって、というように、一本の木で時期をずらしながら一年中収穫することができます。

そうしてそびえるように高く成長するので、ときにはおばぁが竹棒を使って実の付け根を切り、落下させて収穫します。熟した実は、落として潰れないように、私が呼ばれて下で受けとめることもありました。また、熟したものの人の手が届かない実は、野鳥が「ぼくのだよ」と言わんばかりに次々穴をあけ食べていきます。そのこぼれ種はあっちこっちでウティミー（種子が落ちて芽を出すこと）となり、また新しい木に育ちます。やんばるの気候風土に合っているから、無理なく自然に、つながっていく。まさに、身土不二の食材です。

パパヤーの実は、青果は野菜として、熟したものは果物として食べられてきました。なんといっても、炒め物、煮物、汁物、和え物、漬物と調理法が豊富。今日のおかずはなんにしよう？と悩むときも、まずは「パパヤーにしよう！」と庭先からとってくるほどです。大きく切ったパパヤーをし

ょうゆで炒め煮するだけで、充分おいしい。隣のおばぁはそれをお茶請けにも出してくれました。
「笑子、カメー、カメー（食べなさい）」と優しく手のひらにのせてくれたしょうゆ味のパパヤーは、8等分された大きさで、まるでメロンをもらったように思ったものです。シンプルなのに奥深い、まさしくおばぁの「てぃあんだ（手の脂がしみこむほど丁寧につくること）」の味でした。今では笑味の店の盛り合わせのオードブルの一品です。

学校栄養士時代、パパヤーの栄養価の高さに驚きました。

私がパパヤーに強く興味を持ったのは、結婚を機に大宜味村へ移り住んでからです。当時の私は学校栄養士。児童生徒の栄養基準量を満たすため、栄養成分表と隣り合わせの仕事でした。そこでパパヤーです。ビタミンC、カリウムや鉄分などのミネラルを多く含み、成熟果はβ-カロテン、青い未成熟果はポリフェノールが豊富。ポリフェノールは強い抗酸化作用が期待できます。

また、青い未熟果は傷を付けると乳白色の汁が出るのですが、その中にはパパインというタンパク質分解酵素が含まれており、かたい肉を調理する際にすりおろしたパパヤーに漬け込むと、やわらかくなります。ただこの乳白色の汁は、触れるとかぶれることもあるので注意が必要。生でサラダや和え物にするときは、薄く切って水にさらすように漬け洗いをして使います。

笑味の店では、パパヤーはチャンプルー、イリチィー、漬物にしてお客様に提供しています。また、果物は生果やジュース、寒天寄せ、ジャムなどで。シークヮーサーとの相性がすばらしく、成熟果にたっぷりかけたり、ジャムに混ぜたりして、おいしいデザートとして生かしています。

我が家では、忙しい中のもてなし料理として、パパヤーとソーキ(豚のあばら肉)や豚足と、いろいろな野菜や昆布、揚げ豆腐などで、具沢山の汁物や煮付けにします。また、ピンガーイチャー(トビイカ)と一緒に炒め煮にすると、イカがやわらかく食べやすくなるのでおすすめです。

青パパヤーとピンガーイチャーの炒め煮

青パパヤー(パパイヤ)は4つ割りにして種を除き、皮をむいて一口大の乱切りに。ピンガーイチャー(トビイカ)は輪切りにし、中のわたを取り除いて洗う。パパヤー、ピンガーイチャー、切ったにんじんを油で炒め、だし、しょうゆ、塩を加え、パパヤーがやわらかくなって汁気がなくなるまで煮ます。調理には程良い深さのあるアンダナービ(揚げ物用の鍋)が便利。そそぎ口と持ち手が付いています

●ナーベーラー（ヘチマ）

夏、軒先にいくつも
ぶら下がるナーベーラーは、
「食べて！」と促しているよう。

沖縄の野菜というと、ゴーヤーを思い浮かべる方が多いと思います。窓辺でゴーヤーを育てると、ツルや葉がカーテンのように太陽の日差しを遮り、涼しくなります。いわゆるグリーンカーテンです。ゴーヤーと同じように、各家庭でグリーンカーテンで育てる野菜に、ナーベーラー（ヘチマ）があります。夏になると、やんばるの家々の軒先にはナーベーラーがいくつもぶら下がり、まるで「食べて食べて！」と促しているかのよう。隣り近所でもらったりあげたりして行き来します。

このナーベーラーにぴったりの調理法が、ウブシー。チャンプルーやイリチィーと並ぶ、代表的な家庭料理で、味噌仕立ての煮物です。甘くてどろっとしたナーベーラーのドゥ汁（素材自体の水分）は、味噌との相性が抜群なのです。また、茹でて冷やして和え物などにすると、見た目にも涼しい料理になります。夏のナーベーラーは、毎日食べても飽きない、暑さの中で身体が求める味です。

沖縄以外の方もぜひ、グリーンカーテンで育ててみませんか。そしてとりたてのみずみずしいナーベーラーを楽しんでほしいです。

ナーベーラーウブシー

鍋に油を熱し、豚ひき肉と、皮をむいて輪切りにしたナーベーラー（ヘチマ）を炒めます。だしに味噌を溶き、鍋に加え、ナーベーラーがしんなりするまで弱火で煮込みます。一口大にちぎった豆腐とチリビラ（ニラ）を加え、ひと煮立ちしたらできあがり

●デークニー（大根）

食べながら育てる「デークニーの一生」は、生活のリズムみたいなもの。

大宜味村のお年寄りは、「食べ頃と料理を考えたうえで収穫して使いこなす知恵」がすばらしいと私は思うのです。畑を貯蔵庫にして成長に合わせて使っていくなど、自給菜園の営みの中で物を粗末にしないという心が伝わります。デークニー（大根）は、その象徴的な野菜だと私は思います。

やんばるでは、デークニーはトシヌユール（大晦日）に食べるソーキ汁、正月のなますなどに使われるため、正月に向けて必ず家庭で育てていました。おばぁのアタイグヮ（小さな自給菜園）でのデークニーづくりは、種を密集させて撒きます。最初の収穫は貝割れ。畑で育った貝割れは緑が濃く、肉厚でしっかりしています。それをイマドウフ（114ページ）の上に削りがつおとともにのせて、シークヮーサーとしょうゆでシンプルに食べます。本葉が出たら、つまみ菜として、味噌汁、ソーミン汁に。さらに大きく、野菜らしく育ったら、塩をふってしんなりさせて、炒めていただきます。そして、実がつき始めた頃、葉も一緒に塩もみをして豆腐や豚肉とチャンプルーにすると、そのときならではの食感と風味が味わえます。それがチキナー（漬菜。塩もみや塩漬けにした葉っぱ）のおいしさです。私は茹でて、混ぜごはんやチャーハンに入れたりもします。また、センギリ（切り干し大根）やフシカブ（縦に４つ割りにして干したもの）、干し大根葉をつく

デークニーバーのチキナーチャンプルー

デークニーバー（大根の葉）は塩もみしてチキナー（漬菜）に。フライパンに油を熱し、豆腐をちぎって入れて焼き、きつね色になったら取り出します。油を足して、デークニーバーのチキナー、にんじん、ツナを炒め、塩加減をみます。豆腐を戻し、仕上げに鍋肌からしょうゆを入れて香り付けを

り、大切に保存しながら使います。間引くたびに、いろんな料理の食材となって食卓へのぼる。そうやって、均等に実の間隔を保ちながら、大きなデークニーに育つのを待つのです。もちろん来年の種をとるために、一部は残して花をきちんと咲かせることも忘れません。

露地で育った貝割れから、成長に合わせて間引く葉、根は小さな頃から使い、加工して保存食までつくり出す。この「デークニーの一生」を、みなさんにもぜひ経験してほしいのです。「育てて、収穫して、いただく」ことを。また、その経験を通して、「育てなければ食べられなかった」時代を、想像してみてほしいのです。昔の生活のリズムみたいなものを。そこには心身の喜びがあります。周りの人々を元気にしてくれます。お金を出せばすぐなんでも手に入る

センギリイリチィー

センギリ（切り干し大根）は洗って茹で、昆布はもどし、それぞれ水気を切っておきます。豚三枚肉は茹でて短冊に切り、鍋に油を熱して炒めます。豚肉の脂が出てきたら、センギリ、昆布を加え、だし（脂を除いた豚肉の茹で汁）、しょうゆで煮込み、仕上げに塩で調味

今、食べるために、生きるために、ゆいまーる（相互扶助）で支え合って来た生活が、とても大切に思えることでしょう。

菜っぱを塩漬けにしたチキナーによく使われる野菜には、島菜（シマナ、カラシナ）もあります。デークニーバーと同じく、β-カロテン、ビタミンB_2、C、カルシウム、鉄を含む、栄養価の高い葉野菜で、一年を通して育ちます。1㎜くらいのとても小さな種は、採取のときに弾けて散り、土に似た色なので拾うことも難しく、ウティミー（こぼれ種の芽）は育ち放題。ちゃんと育てたい別の野菜の邪魔になるほどです。そして、ふと気が付くと一面に黄色の花を咲かせ、私たちを楽しませてくれます。独特な香りと辛味が特徴で、お年寄りは「島菜を入れるとカバサヌ（香りが良く）おいしい」と

言って、なんにでも加えたがります。でも、子どもたちにとっては苦手な野菜。チャーハンや炊き込みごはん、ちらし寿司、ふりかけに茹でたり塩もみしたりして加えると食べやすく、彩りも良くなります。

カマドの上にぶら下げて
いぶして乾燥させ、
野菜の少ないときに使います。

デークニーは、乾燥させ、保存食材として常備もします。縦に4つ割りにして干すフシカブは、乾燥に時間がかかるので、昔はカマドの上に干し、煙と火の熱に助けてもらっていました。薪を使って調理した時代のトゥンガ（台所）は、周りの壁も天井も、煤だらけで真っ黒。でもその場所が、保存食づくりに生かされていたのです。魚介類も燻煙するように干物にしました。残ったデークニーバーは、主食の芋を煮るついでに上にのせて蒸してから、カマドの上にぶら下げて乾燥。野菜が少ないときに使っていました。

私は何回か干し大根づくりに失敗しました。黒くカビたことを思うと、カマドを上手に生かしきれたあの頃のおばぁたちの知恵に感心させられます。

黒糖で漬けたジージキは、
チャーウキとして
食べられてきました。

沖縄特有の漬物・ジージキ（地漬）にもデークニーが使われます。ジージキは、他の地域の漬物とはちょっと違います。黒糖で漬けた甘いもので、チャーウキ（茶請け）でいただくのです。デークニーの他、モーウィ（毛瓜）、らっきょう、ニンニク、ゴーヤーなどでつくります。それぞれの素材の旬にあわせて、デークニーは冬、ゴーヤーは夏につくるとおいしく仕上がり、長持ちもします。ゴーヤーは酢漬けもおすすめです。

ジーシキ（地漬）

大根は２等分に切り縦４つ割りにして、塩をふり、容器に入れ重石をのせ２日ほど置きます。取り出して水気をふき取り、再び容器へ。このとき大根と黒糖を交互に入れます。冷暗所に保存して１～２カ月で食べ頃に。ゴーヤーは塩をふり、重石をせず水分を除き、黒糖を入れます

ヤマンイリチィー

ヤマン（山芋）は皮をむいて厚めの拍子木切りに、玉ねぎとにんじんは千切りに、ピルヌファー（ニンニク葉）は2㎝の長さに切ります。フライパンに油を熱し、ヤマン、玉ねぎ、にんじんをさっと炒め、だし、塩、しょうゆを入れ、ふたをして中火に。芋が煮えたらピルヌファーを入れます

●ヤマン（山芋）

大き過ぎて食べきれないヤマン。使うタイミングをうかがい、分け合う相手を探します。

やんばるで芋といえば、主食として食べられてきたさつま芋がありますが、山芋も栽培されてきました。山芋には、白ヤマン（白山芋）と赤ヤマン（赤山芋）があります。一年かけて育ち、1個が3〜5kgまでになります。大き過ぎて家族では食べきれないので、親戚や近所と分け合っていただきます。一人暮らしのおばぁは、使うタイミングをうかがい、分け合う相手を待っているようなところがあります。

昔からお正月料理によく使われる食材でもあり、その時期になるとどこの家を訪れても目に入ったものでした。今でもお正月の前になると道の駅や直売所で見かけますが、私は見た目にも鮮やかな赤ヤマンを買い求め、使っています。

ヤマンは、本土の山芋のようにとろろで食べる習慣はありません。野菜と炒め煮に、または、茹でたものを塩味でいただきます。また、おやつの材料に使われることも。米粉を使ったカルカンに、小麦粉を使ったヤマンアガラサー（蒸しカステラ）などがあります。

ヤマンとたっぷりの野菜を炒め煮にするヤマンイリチィーは、フライパンにふたをして蒸すようにつくります。ヤマンと野菜から出る水分が混ざり合い、コクが出ておいしくなります。笑味の店では、ラフテー（豚の角煮）に添えてお客様に提供しています。

●いろいろな葉野菜

葉野菜は、おばぁたちの「収穫して料理する」暮らしとぴったり隣り合わせ。

やんばるの古民家は、台所を出て一mくらい離れた場所に水場があります。台所では洗いにくいシンメーナービ（大鍋）を洗ったり、また、田畑から帰ったときには手足に付いた土を流したり。便利に使われる水場の周りは常に湿り気があって、宿根草のチリビラ（ニラ）やフーチィーバー（よもぎ）がやわらかく育っています。台所から近く、調理の合間にすぐ収穫できるこれらの葉野菜は、味噌汁、ソーミンチャンプルー、ジューシー、ヒラヤーチィー（平焼き）、卵焼きなどの青みや香り付けに頻繁に使われ、そのため、いつもおいしそうな新芽に恵まれているのでした。やんばるのおばぁたちの「収穫して料理する」生活のリズムに、台所からすぐの場所で育つ葉野菜はぴったりと隣り合わせで寄り添っているのです。

お年寄りは、ウブシー、汁物などに、菜っぱをたっぷり入れます。特にボロボロジューシーには葉野菜が欠かせません。ボロボロジューシーは雑炊のこと。ときには残りごはんを使い、とろみをでんぷんで補ったりもします。私がよくつくるのは「青汁雑炊」とでもいうような緑一色のボロボロジューシー。フーチィーバーやカンダバ

笑味の店では、硬（クファ）ジューシーをおにぎりにして、カーサーバー（月桃の葉）で包んでお出ししています（次ページ写真）。カーサーバーには防虫、防カビ、消臭、抗菌、抗酸化作用などの効能があり、爽やかな香りが特徴。葉はかたいのですが、硬ジューシーをつくる前日にいったん冷凍し、解凍してから使うと、やわらかくなり香りもアップします。月桃茶でもいただきます

釜炊き硬（クファ）ジューシーのカーサーバー包み

米は30分浸水させて水を切ります。豚三枚肉は丸ごと茹でてから、さいの目切りに。しいたけ、にんじん、昆布も肉に合わせて切ります。鍋に油を熱し、肉、しいたけ、にんじん、昆布を炒め、米と同量のかつおだし、塩、しょうゆ、ウコンを加え、沸騰したら混ぜて中火で7分、弱火で7分、火を止めて15分。刻んだチリビラ（ニラ）を混ぜておにぎりにし、カーサーバー（月桃の葉）で包みます

ーを細かく刻んでたっぷり使い、途中から米と一緒に煮込むようにして仕上げます。育てて使う贅沢さを満喫できるメニューです。

　ジューシーには、お米を肉や野菜と炊き込む硬（クファ）ジューシーもあります。硬ジューシーは人が集まるときの定番。シンメーナービで大量につくります。シンメーは漢字では「四枚」。鍋をつくるとき鉄板を4枚使うことから付いた名と言われ、一度に60人分ほどの硬ジューシーをつくることができます。昔はニービチ（結婚式）もトゥシビーユーエー（生年祝い）も家で行ったので、欠かせない道具でした。

ハンダマは「血の薬」。
子どもの身体を気遣う
親の気持ちが伝わります。

　一方ボロボロジューシーは、残りごはんを使う日常的な家庭料理です。ごはん以外の食材も、家にあるものをアレンジします。例えば、イカのスミ汁や魚汁が残っていたら、水を足し、味噌や梅干しを加えてボロボロジューシーに。残り物を無駄にしないお年寄りたちが大好きな料理です。

　ボロボロジューシーでよく使われる野菜のひとつが、ハンダマ（水前寺菜）。一度植えると、摘んでも摘んでも繰り返し芽を出し、一年中収穫ができます。平良節子さん（14ページ）は、家の門を入ったすぐそばにハンダマを植え、料理に使っていました。味噌汁、ソーミン汁、ツナ炒め、そして大好きなボロボロジューシーに。料理の途中で、包丁を片手に収穫していた姿が思い出されます。

　ハンダマの葉は裏側がきれいな紫色。ポリフェノールの一種・ア

ハンダマのボロボロジューシー

ハンダマ（水前寺菜）はザク切り、にんじんは千切り、さつま芋は皮をむいて角切り、梅干しは種を取って刻みます。だしでさつま芋をやわらかくなるまで煮て、ごはん、にんじんを入れます。煮えたらしょうゆか味噌を控えめに入れて、梅干し、ハンダマを加え、最後にとろみ具合と味をみて、でんぷんを入れ、塩で味を調えて完成です

ントシアニン色素を含んでいて、シークヮーサー、酢、梅干しなど酸味のある物を取り合わせると、より鮮やかな紫色になります。ポリフェノールは、抗酸化作用が身体を元気にもしてくれます。また、ビタミン、鉄分もたっぷり。昔から貧血に良い「血の薬」として親から子へ言い伝えられ、産後によく食べられてきたようです。子の身体を気遣う親の気持ちが伝わる野菜です。

インガナズネーを持ち寄って
味くらべをすることが
主婦たちの恒例でした。

やんばるの海岸近くの岩場に多く自生するインガナも、大宜味村では欠かせない葉野菜です。インガナは一般的にはホソバワダン、沖縄ではニガナ、インガナ、インジャナなどと呼ばれています。風邪や胃腸に良いとされ、昔は野生のものを摘んで食べてきました。最近は畑で育てたものを食べますが、なかには、潮風にあたって育った、しっかり苦味のある昔懐かしい味を求めて、わざわざやんばるへ摘みに来られる方もいます。

旧暦の3月3日に行われる女性の節句・浜下りでは、フーチィーバームーチィー（よもぎ餅）、三月菓子（節句菓子）、それに海の幸、山の幸のごちそうをいただくのですが、大宜味村では、インガナを豆腐で白和えにしたインガナズネーを持ち寄って味くらべをすることが主婦たちの恒例でした。潮干狩りでとった小魚や小ガニを塩蔵にしたものをだしに使い、蒸した魚の身やあさり、巻貝を混ぜたり、焼いたウニをほろほろにして加えたり。それぞれ独自の工夫を凝らし、その手腕が評価され、村に定着してきました。そうそう、

インガナズネー

インガナ（ニガナ、ホソバワダン）は千切りにして、たっぷりの水に入れてからざるにとり、水気を拭き取ります。ボウルに豆腐、白味噌、ごま油を入れ、豆腐を潰しながら混ぜて、インガナとツナを加えて和えます

あるおばぁは、和え衣に火を通した、インガナズネーのホットバージョンを出してくれたこともあります。「昨日の豆腐が残っていたからよー、フライパンで温めたよー」とおばぁ。熱い和え衣に野菜を混ぜると、余熱で野菜がしんなりとして豆腐とよくなじみ、おいしくいただきました。大宜味村から生まれたごちそうとして、これからも受け継がれていくことを願っています。

そして、インガナといえば、思い出すのは、大兼久で山川食堂を開いていた山川信子さんです。

「若い頃から胃の調子が悪かった」というおばぁは、インガナ畑と隣り合わせの生活をしていました。根は乾燥させてお茶にして、葉は青汁で愛飲。84歳の頃でも歯が24本も残っている元気なおばぁでした。

笑味の店のパッチワークのように区分された畑では、近年、3カ所に分けてインガナを植えてみました。夏越しを考えてパパヤーの木の間に、また、春や秋冬用に日当たりのいい場所に、と。すると一年を通して畑のインガナで店の必要分が間に合うようになりました。しっかりと育った親株からは、分げつ苗もとれました。農家レストランとして「収穫して料理する」ことにこだわり、店と畑のつながりを高めてきた中での、この二重の喜びに、私はますますやる気が出ているのです。

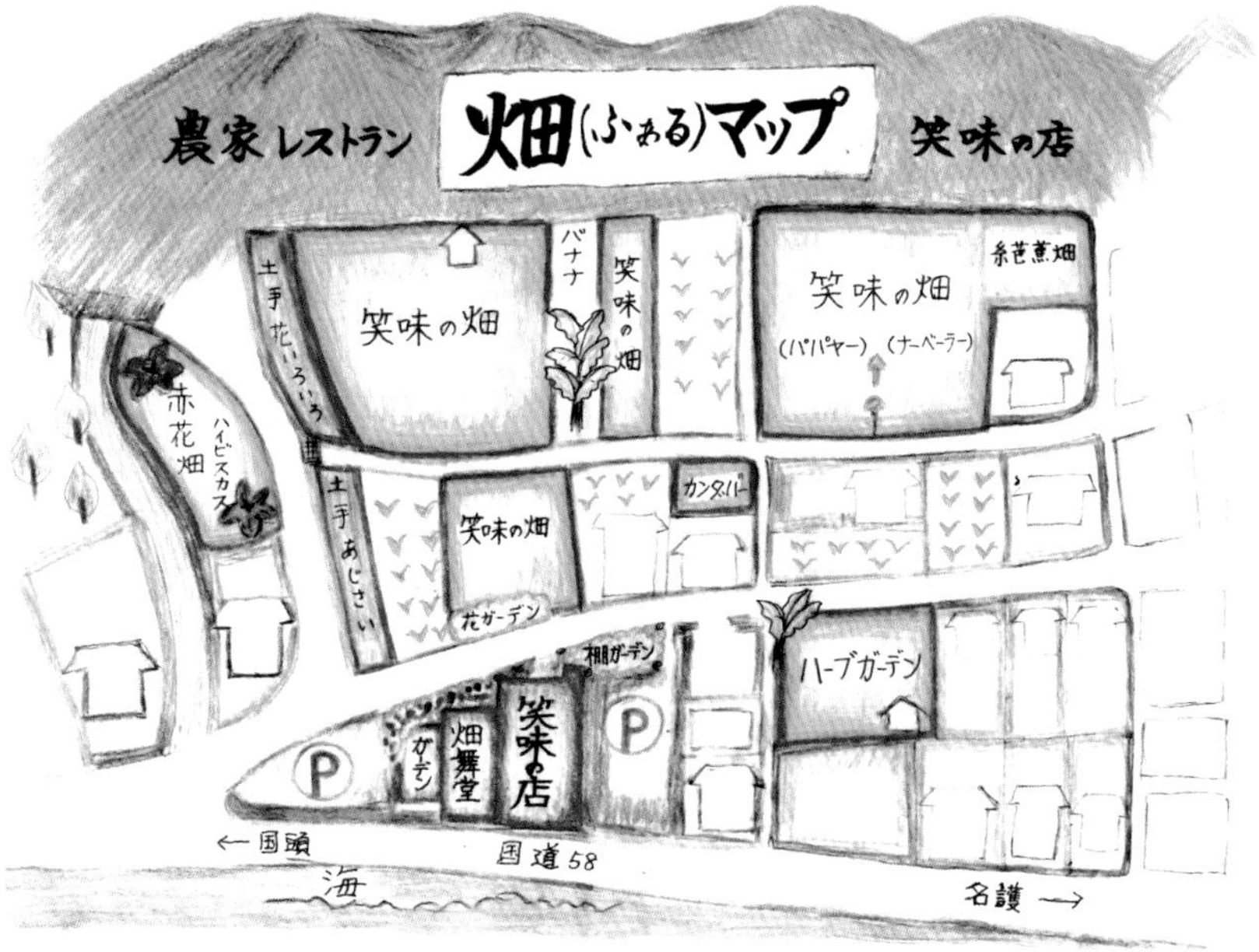

「笑味の店」の畑

店で使う島野菜のほとんどは、ここで収穫したものとおばぁたちが育てたものを仕入れて賄っています。畑のあちこちに、私が畑仕事をする中で感じたことを看板にして飾っているのですが、見学をするお客様にも好評です。「畑と台所はつながっている 収穫しつつ料理はひろがる」「畑仕事は楽しくて やめられない ここちよい汗は ここちよい眠りに」

身体を癒し、元気にしてきたクスイムン

ゴーヤーのジュース、シークヮーサーのジュース

ゴーヤーは水洗いし、イボイボの部分だけをおろし金でおろし、布巾で搾ります。シークヮーサーは、種に傷が付かないように（種は苦いため）、果実の付け根部分を切り、搾り汁をとります。それぞれ炭酸水で割ってもおいしいです。濃さ、甘味などお好みで加減してください。また、両方を合わせると、相乗効果で健康的なおいしいジュースになります

苦味と酸味が
身体をシャキッとさせ、
スーッと涼しくします。

クスイムンとは薬になる食べもののこと。沖縄では、食べることと健康は強いつながりがあり「食は薬」である、という考えが根付いています。ここでは、飲み、食べ継がれてきたクスイムンを紹介しましょう。

ゴーヤーは、やんばるでは7月から9月が旬真っ盛り。ゴーヤーに含まれるカリウムには体温を下げる効果があり、夏の厳しい暑さの中でも身体を涼しくしてくれます。また、ゴーヤーのビタミンCは熱に強く壊れにくく、チャンプルーや天ぷらでも生かされます。

今ではすっかり全国で知られるようになり、夏の暑さ対策のグリーンカーテンとしてゴーヤーを育てる人も多くなりました。でも、せっかく実をつけても「うまく料理できなかった」「全部使い切れない」など無駄にしたという話を聞くことがあります。夏の身体が求める栄養があり、なにより、自分の家で育ったゴーヤーは新鮮で安心。そこで手軽につくれるメニューとしておすすめしたいのが、ジュースです。大宜味村では夏、普通に飲まれてきました。

ジュースは、イボイボの部分を潰すようにおろして、エキスをいただきます。イボイボの部分だけを使うことできれいな緑になります。苦味が気になる人は、リンゴ

フーチィーバー酒、イーチョーバー酒

分量の一例を紹介します。

・フーチィーバー（よもぎ）酒 … 泡盛（30度）1.8ℓ、フーチィーバー（生）500g、氷砂糖350g。

・イーチョーバー（ウイキョウ）酒 … 泡盛（30度）1.8ℓ、イーチョーバー（生）1kg、氷砂糖250g。

2～3週間後に葉を取り出したくらいからが飲み頃です

果汁や炭酸水を加えるなど工夫してみてください。また、シークヮーサー（青果）は、ゴーヤーと同じく夏が旬で、手近で手軽なジュースとして飲まれています。どちらもビタミンCたっぷりで、夏バテ予防におすすめ。苦味と酸味が身体をシャキッとさせ、スーッと涼しくします。その実感があるからこそ、繰り返し飲まれてきたのだと思います。

祝いの席でいただくお酒を「あやかり酒」と言います。

沖縄のお酒といえば泡盛です。昔から家庭では、泡盛に果実や薬草を漬けたお酒をつくって愛飲していました。使うのは、カラキ（琉球シナモン）、ウコン、ニンニク、スモモ、キンカン、ヤマモモ、フーチィーバー（よもぎ）、イーチョーバー（ウイキョウ）など。氷砂糖も入れてリキュールのように飲みやすくし、薬用として、女性用のお酒として、常備していました。

結婚式や長寿のお祝いを家で行っていた当時、隣り近所も集まるその場には、お酒がつきもの。みんな、果実酒や薬用酒を持ち寄りました。祝いの席でいただくお酒のことを、幸せにあやかることから「あやかり酒」と言います。数えでそれぞれ88歳（トーカチ）、97歳（カジマヤー）の祝いでは、「長寿にあやかりたい」と誰もがそのお酒をいただきました。

薬用酒にも使われるフーチィーバー、イーチョーバーは、やんばるではどこにでも育っている、日常的に使われる素材です。

フーチィーバーは、ジューシー（雑炊）やソーミン汁、味噌汁、豚汁などに香りを足し、ヒージャー（ヤギ）汁、アバサー（ハリセンボン）汁の臭み消しとしても利用されます。清明祭や浜下りの行事では、フーチィーバームーチィー（よもぎ餅）は欠かせません。一年通して育っていますが、春先のものがやわらかくておいしいので、時々つくるムーチィーのために、その時期に摘んだものを茹でてペーストにし冷凍保管をしておくほど、やんばるの人は愛用してきました。胃腸、高血圧に効果があると言われ、青汁や、泡盛漬けにした薬用酒も飲まれてきました。

イーチョーバーは、ビタミン類やポリフェノールに富んでいて、香り成分は消化を助けて食欲を促がす効果があります。私は、イーチョーバー酒を風邪ぎみのときに飲みます。また普段でも、温茶か冷茶で、淡い緑の香りやスーッとする清涼感を楽しんでいます。

今、店の畑では、前年に夏越しした株からイーチョーバーがフサフサと育ち、こぼれた種が芽を出すのを待っているところです。厳しい夏を越えられたのは、日の当たる時間が違う場所に数か所に分けて植えたことと、追肥の手入れに良い影響があったのだと思っています。私は生葉のハーブティーが好きなのですが、一年を通して楽しめたのは初めてで、やっと叶った！という気持ちです。

また、フーチィーバーは、一度植えると根を広げて育ち、春には自然にやわらかな葉が噴き出して、収穫に恵まれます。フーチィーバームーチィーの原料獲得のチャンスでもあります。

イーチョーバーもフーチィーバーもプランターでも充分に育つので、ぜひ試して、贅沢なお茶のひとときを楽しみませんか。

滋養食・シンジムンは、病気の予防や治療を願い食されてきました。

この章の最後に紹介するのは、医食同源を大切にする沖縄の滋養食、シンジムンです。「シンジ」とは「煎ずる」のこと。薬効のある食材を長時間煮込んでつくる煎じ汁を、シンジムンと呼んでいます。医食同源の思想に基づき、病気の予防や治療として、体力を付けるために食されてきました。豚の肝臓でつくるチムシンジ、鮒のターイユシンジ、鯉のクーイユシンジなどがあります。

チムシンジは、家庭料理としても親しまれていて、材料となる豚のレバーと赤肉をセットにしたパックがお店で売られています。にんじん、大根、じゃが芋、ニンニク、ニンニク葉なども使い、お好みで味噌味、しょうゆ味、塩味仕立てのおつゆにします。

また、シンジムンと同じく身体を整えるものとして、カチュー湯もおすすめです。削りがつおと味噌に沸騰したお湯を注ぐだけ。かつお節は削りたてが風味も良くおいしいです。ネギやおろしニンニク、卵などを加えることもあります。熱があって食欲がなくだるいときに、簡単につくれるのがありがたい滋養食。手軽なので、風邪の予防も兼ねて、ふだんもよくつくっています。

チムシンジ
（豚レバーと豚赤肉のおつゆ）

豚赤肉は湯通しして一口大に切り、チム（豚レバー）は一口大に切って水の中でもみ洗いします。鍋にサクナ（ボタンボウフウ）、豚赤肉、にんじん、ニンニク、だしを入れ、アクを取りながら30分ほど煮ます。チムとじゃが芋を加えて20分ほど煮て、器に盛ります

3章

「笑味の店」という、
食文化をつなぐ場所

平成5年、沖縄県大宜《おおぎ》味《み》村《そん》の老人クラブ連合会は「長寿の村日本一」を宣言しました。それまでも都道府県別の平均寿命で男女ともにトップとなるなど長寿県として知られていた沖縄県。大宜味村はその中でも、自立して生活する高齢者「健康長寿」の割合が高いとされ、世の中の健康ブームも追い風に、大いに注目されました。その頃私は、「笑味の店」をオープンして3年ほど。たくさんの取材を受けたのを覚えています。

でもその後、沖縄県の平均寿命の順位は後退します。長寿で世の中の注目を集めたとき、そしてそこからの下り坂、どちらの沖縄も見てきた私は、「長寿の村日本一」を築いた大宜味村の高齢者の暮らしぶりをかたちにして残し、次の世代につなげなければいけないとより強く思うようになったのです。

「これしかない」栄養士への道

私は沖縄本島北部にある本部町《もとぶちょう》の備瀬《びせ》という集落で生まれました。3歳で名護市に移り住み、7人きょうだいの長女として、両親と祖父母を含めた11人の大家族で育ちます。両親は鮮魚店を営んでいて、朝早くから夜遅くまで働きどおし。祖父は野菜を育て、祖母はそれを市場で売っていました。忙しい両親や祖父母に代わり、私は自然と家事を担うようになりました。中学生の頃には魚のから揚げができるほどになり、朝は弟たちの弁当を用意し、学校から帰ると夕食づくり。父の作業ズボンが破れたら繕って。そんなふうに、家事が一番、勉強は二番というせわしい毎日を送っていました。

高校は、農林高校に進学しました。商家で育ったので、農業に触れるのは初めてです。種をまく、育てる、収穫する。その一つひとつの体験に、身体が喜び、気持ちが癒されることを、私はそこで覚えました。

一方で、家事はますます忙しく、中学生の頃までは友だちと遊ぶこともありましたが、高校に入るとそんな脱線の時間はなくなります。ただ、そのおかげで家庭科の授業は楽しかったのを覚えています。包丁で野菜を刻んだり、ミシンを使ったり。いつも自分が家でやっていることだから、先生の話はすっと理解でき、実技もすんなりできました。

その頃には、将来について、当たり前のように「食の道しかない」と思っていました。卒業したらすぐ働きたいという気持ちがありましたが、周囲から進学を後押しされ、上京し、働きながら女子栄養短期大学の二部に通うという道を選んだわけです。

栄養士になるんだと心を決めたのは、大学で栄養学を学んでからのことです。当時、学校に通いながら、埼玉県の病院で患者さんの治療食をつくる仕事をしていました。幼い頃から経験した生活の中の食事、高校で触れた農業、大学で学ぶ栄養学、そして病院で実践する治療食。私の中ですべての経験や理論が重なり、つながって、整理されていくのを感じたのです。そうして、「これしかない」という思いで栄養士を目指すことにしました。3度目の挑戦で、晴れて栄養士国家試験に合格。沖縄県に戻り、昭和48年、沖縄本島北部の東村《ひがしそん》にある東小中学校の栄養士に採用されました。

カマおばぁと静さんと　大宜味村ご近所暮らし

東小中学校で働いて4年目に、縁あって結婚をし、夫の暮らす大宜味村に移り住みました。ここで少し、夫の母で私にとっての姑である静さん（金城静、当時56歳）と、夫の祖母で静さんの姑であるカマおばぁ（金城カマ、当時79歳）の話をしたいと思います。

静さんとカマおばぁは一緒に暮らしていました。2人とも夫はすでに他界。静さんは、大宜味村大兼久の共同売店を委託経営していて、朝7時から夜の10時まで売店で忙しく働き、家には帰って寝るだけの生活。一方カマおばぁは、食事や身の回りのことをすべて自分でこなすだけでなく、趣味も多彩。もともと陸上の選手で、身体を動かすのが得意だったおばぁは、年齢

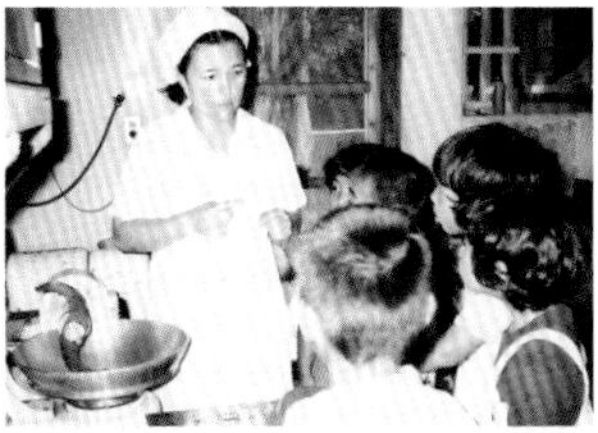

新米栄養士の頃。東小中学校は学校給食が導入されたばかりで、私も試行錯誤の毎日。限られた時間内での大量調理など、病院での経験が生きました

を重ねてからも沖縄の踊りやゲートボールを観るのが好きで、近くの公民館や運動場の催しは、練習から本番まで楽しんでいました。特に豊年祭は、隣の集落へも、車に便乗させてくれる人を探して行くほどです。対照的な2人は、絆を強く持ちながらも、それぞれ自立した暮らしを送っていたのです。

　私たち夫婦は、静さんとカマおばぁの家から近い古民家で生活していました。私はそこから隣村の東村に通っていたのですが、一年後に大宜味村の学校給食センターに異動。それからは、生活も仕事もどっぷり大宜味村につかる日々が始まりました。

　給食センターの目の前には小学校の運動場があり、ゲートボールの練習や試合にも使われていました。ゲートボール好きのカマおばぁが前を通るのを毎日のように目にしました。ときどきは給食センターにも立ち寄り、お茶やミルクを飲んでいったものです。

　カマおばぁは、私の家の向かいに住む平良ウシおばぁとはユンタク（おしゃべり）友だち。私の仕事が休みの日には、「笑子、おーい」と私もそこに呼び出されることがたびたびありました。おばぁたちの目的は、天井から下げているサギジョーキ（蓋付きの竹カゴ）の中にあるごちそうを私に食べさせること。ごちそうとは、例えばサーターアンダギーや揚げ魚、揚げ餅などです。冷蔵庫に頼ることができなかった頃からの工夫で、2〜3日日持ちする食べものを、猫やねずみ、アリから守るため、蓋付きのカゴで天井からぶら下げていたのでした。食べものに恵まれなかった時代を過ごしてきた人たちの知恵や、食べものを大切にする気持ちが伝わっ

ひ孫（私の息子）を抱くカマおばぁ（左）と、静さん（右）。静さんは畑もやっていました。写真はアマムジ（ズイキ）を手入れしているところ

てきました。
カマおばぁは１００歳、静さんは95歳でそれぞれ他界しました。２人とも晩年に施設で骨折をしたときは心配しましたが、それまで大きな病気はありませんでした。さすが大宜味のおばぁと思いました。

学校給食とおばぁたちの畑

大宜味村に嫁いだ私は、地元のおばぁたちから、歓迎と親しみの気持ちをもって受け入れてもらえました。婦人会活動でもエイサーでもなんでも参加してすぐに仲良くなり、あっちでも「笑ちゃん」、こっちでも「笑ちゃん」。かわいがられていたと思います。おばぁの家にお茶を飲みに行くと、今どきのお茶菓子のようなものはなく、黒砂糖やそのときあるおかずを出してくれます。「カーギ　わっさしが　かりん　みりしぃ（見栄え悪いけど、食べてみるー？）」と食べさせてくれる、野菜のおいしさが煮詰まって味クーター（深い味わい）になった料理に、私はたくさん勉強させてもらったものでした。

当時、まだ私は畑をしていなくて、おばぁたちがつくった野菜を分けてくれるのを喜んでいただいていました。そうしたやりとりの中で、おばぁの畑にあるいわば宝物とも言える貴重な食材を目にしたのです。

大宜味で暮らし始めた頃。手に持っているカゴにはウニが山盛り！　当時大宜味の海でたくさんとれたのです。おばぁたちはインガナズネー（ニガナの白和え）をつくるとき、蒸し焼きにして入れることもありました

学校の栄養士となってから、力を入れていたのが、食材の調達です。私が給食メニューに取り入れたかったのは、地域の伝統食材。でもそうした食材は、なかなか市場に出回らない入手困難なものでした。ところがやんばるでは、おばぁたちの畑のあちこちにその食材があるわけです。例えばパパヤー（パパイヤ）。市場にはあまり出回っていませんでしたが、庭先や畑のあっちこっちで実がなっていました。また、キャッサバ（芋）からとるタピオカでんぷん。子どもたちが大好きなタピオカアンダギーを給食に入れたいと思っても、なかなか市場からは買うことができません。でも、ここでは地元の農家が栽培し、でんぷんに加工していました。

そこで私は、おばぁたちから直接、食材を買わせてもらうことにしたのです。キャッサバは一期作で、冬（1～2月頃）に収穫してでんぷんに加工します。そのタイミングで給食に使う4回分をまとめて購入して保管しておくほど、頼りにしていました。

そうして大宜味村の高齢者と触れ合い、畑の食材を知り、振舞われる料理をいただくうちに、レストランをオープンしたいという思いが生まれてきました。

育てなければ食べられない時代の料理

昭和59年、今度は名護の給食センターに異動になりました。その3年目の夏休み、日本栄養士会の沖縄支部から沖縄の長寿者の食生活に関する調査の依頼がきます。調査の対象は、私の生まれ故郷・備瀬の比嘉《ひが》カメさん。当時86歳のおばぁから、昔の食生活について聞き取り、当

学校給食の栄養士になってまもない頃から近隣地域の栄養士の方たちと一緒に献立研究を始めました

時の料理を再現するというものです。勉強になると思い引き受けました。

朝夕の畑仕事を欠かさないという働き者のカメおばぁは、お元気で颯爽としていました。

「あんたが笑子ね！　あんたのおじぃとは、いとこよー」

なんと、カメおばぁは、私の親戚だったのです。私が「今日はおばぁが先生だからね、よろしくお願いします」と伝えると、「おばぁは無学先生だけど大丈夫かね？」とカメおばぁ。でもそんなことはなく、記憶力が良く、表現も豊かで、なによりおおらかな人柄で話が脱線するのがなんとも楽しく、あっという間に時間が過ぎました。

ただ、料理の再現は大変でした。例えばアワメー（もちきびごはん）に使うもちきび。昔は育てられていましたが、調査を行った頃のやんばるには輸入物しかなかったのです。どこかで入手できないかと探していたところ、カメおばぁの親戚（当時の沖縄県婦人連合会長）が外国から持ち帰った種のもちきびがカメおばぁの畑に育っていたことがわかり、収穫期を迎えるタイミングで再現することにしました。ところが、もちきびが準備できたものの、今度は脱穀してくれるところが見つからないのです。臼と杵、ムイジョーキ（竹ざる）を使って脱穀することになりましたが、これらも入手するのに時間がかかりました。そうして、臼にもちきびを入れて杵で打ち、モミをムイジョーキに移して上下に手早く動かしながら殻だけ飛ばす、という作業を繰り返し、ようやく精白できたのでした。

他にも、芋のでんぷんをとったあとのカスを乾燥させて粉末にし、小麦粉と混ぜて蒸したカ

比嘉カメおばぁと昔の料理を再現。カメおばぁのもとへ３日間通って聞き取り調査を行い、数日後に実演……という厳しいスケジュールのうえ、食材・調理器具の調達にも苦労しました

ステラ（アガラサー）。麦の粉末を水で溶いて平たくして蒸し、味噌とニラで炒めたもの（ティーパンパンイリチィー）。おからを炒め煮にしたトウプヌカシイリチィーなど。試行錯誤しながら、いくつかの料理を再現できました。

カメおばぁに教わったのは、いわば「育てなければ食べられない時代の料理」です。種をまき、育てて、収穫をして、加工して、そして調理して、やっと食べられる。当時の人は、季節と自然に寄り添って一所懸命工夫して、食べつなぐための努力を惜しみませんでした。そうやって食べるものというのは、今では考えられない素朴なおいしさがあったのではないでしょうか。カメおばぁが昔よくいただいていたという料理は、だしに煮干しか煮干し粉を使うレシピですが、素材そのものがとてもおいしく思えたのでした。

そして、その料理をしようにも、すでに手に入らない食材や道具があり、つくりにくい状況に世の中が変わっているんだということを、私は強く感じました。今再現するためにこれほど苦労するのならば、これから時間が経てばもっと難しくなるのだ、と。

このタイミングでカメおばぁの調査に関わったことは、私が心を決める大きなきっかけになったのです。

再現した料理。トウプヌカシイリチィー、アワメー、ティーパンパンイリチィー、チヌマタ（海藻）の味噌和えなど

大きな決断　公務員からの転（天）職

大宜味村のおばぁたちも備瀬のカメおばぁも、戦争を生き抜き、食糧難を乗り越えてきた人たちです。その土地だから恵まれた自然界の素材を大切にし、食べつなぐために知恵を絞り工夫を惜しまず、そうして育てた健康な身体で、高齢になっても畑仕事を続けています。その貴重な体験を、伝え残さないのは本当にもったいないし、とても残念なことです。そして、伝え残さなければ、その食材や料理を食べようと思う人がいなくなり、つくる人もいなくなり、食材も料理も消えてしまいます。

では、学校給食の栄養士として、私ができることはなんでしょう。あの野菜もこのメニューも子どもたちに食べさせたいという思いはあります。伝統食材や伝統料理を給食の献立に入れたなら、需要が増えて、食材もレシピも守り続けられるかもしれません。でも、私の中では、大量につくる給食のシステムに取り入れることには無理がありました。給食は、特定多数へ教育の一環として行われているもの。伝統料理のみに集中させることは難しいのです。その挑戦にはどのくらいの時間がかかるのだろうと考えると、気が遠くなる思いでした。

それならば、不特定多数に向けて、自分でお店を開いて挑戦するしかない。

お店を開いて、伝統料理を提供し、いろいろな人に食べてもらう。料理に使う食材は、私がおばぁたちから買う。そうすればおばぁたちもまたがんばってつくってくれる。それは、生涯現役の後押しをしながら地元にいる栄養士だからこそできることに思えました。

学校給食でたくさんの子どもたちのために給食を動かす仕事は、もちろんやりがいがありました。それでも私は、大宜味村でやる気を出さなければいけない、私が次の世代につなぐ行動をしなければいけない、という使命感でいっぱいになったのです。それに、当時の沖縄に学校栄養士は約120名。一人くらい脱線してもいいよね（笑）。

昭和63年4月、私は学校栄養士を退職しました。

「笑味の店」

私が学校栄養士を辞めて食堂をオープンさせると知ると、周りのおばぁたちは大騒ぎ！それはそうです。あの時代、子どもを公務員に育て上げるのがどれだけ大変なことか、みんなわかっているからです。特に大宜味村は、田畑に適した平地が少なく、せめて子どもには勉強をさせていい学校に進学させ、いい仕事についてくれたら安心だという考えが根付いた土地。私が公務員である学校栄養士を辞めてまで店をやりたいということが、納得できないわけです。でもおばぁたちは、私に「辞めなければよかったのに」とは言いませんでした。かわいそうだと思っていたからか、様子を見ていたのか。ただ唖然としていたのかもしれません。

私が思い切った行動ができた理由のひとつには、夫が公務員だったから、ということもあり

笑味の店には「まかちぃくみそぅれ（お任せください）」と書いた大きな看板を飾っています。季節の旬の食材を使うので、料理がそのときどきで変わるのです

ました。夫が安定していれば、自分は挑戦できるのでは、と。だからこそ夫とはちゃんと向かい合って話をして、理解を得て退職につながったのは幸福なことでした。

自宅のガレージや中庭を改装して、平成2年、「笑味の店」をオープンしました。メニューは、大宜味村で育つ個性的な野草やおばぁがつくる野菜、昔から食べられてきた料理を、若い人にも受け入れてもらえるように考えました。材料を無駄にしたくない、注文に追われる店にはしたくないと思い、徐々に予約制にしました。今あらためて、食品ロスが問題視されていますが、その意味でもよかったと思っています。

当のおばぁたちはというと、もちろん、お店には食べに来ません。お金をかけずに自分でつくって家で食べられるのですから（笑）。そのうちに、集落の班の模合《もあい》（お金を出し合って生活費などを工面し合う仕組み）の集まりを笑味の店でやるようになり、地元の人の法事や地域の行事の食事を請け負うことも増えていきました。

「命《ぬち》野菜」でおばぁたちと関わり　よかった、よかった

平成13年、沖縄の新聞「沖縄タイムス」の取材を受けたときのことです。担当の記者の方が、「スローフード」について話し始めました。私にとっては初めて聞く言葉です。「そんな言葉

店は、模合の集まりに使われ、長寿の祝い弁当もつくるようになりました。右の祝い弁当の中身は、鯛のから揚げ、田芋でんがく、モーイ豆腐、ゴボウと昆布の煮付け、シークヮーサーゼリー、インガナズネーなど

があるんですか？」と質問すると、イタリアで生まれたこと、伝統的な食文化を大切にする取り組みであることを説明してくれて、「笑味の店の食材も料理も、笑子さんの活動そのものがスローフードです」と言うのです。そこから話が深まって、平成14年元日の「沖縄タイムス」から、月に一度の連載「命《ぬち》野菜」がスタートすることが決まりました。

「命野菜」では、毎回、ひとつの伝統野菜とそれを使った私の料理、その野菜を育てて食べているおばぁの話をまとめて紹介することになりました。何月にどの野菜が育っているか、そしてその野菜をよく使っているのは誰か、私の頭の中にはしっかり入っています。例えばフーチィーバー。当時100歳で畑仕事も続けていた奥島ウシさん（52ページ）は、60代の頃から晩酌が楽しみで、おちょこ3杯のフーチィーバー酒を飲むのが日課でした。例えばインガナ（ニガナ、ホソバワダン）。苦味の強いこの野菜を、おばぁたちはわざわざ一所懸命育て、さらには根っこも煎じてお茶にしてまで飲む、その意味はなんなのか。愛用する大宜見春さん（28ページ）に尋ねると、「胸やけにいいから、家の周りにいつも植えておくよー」と言っていました。この連載なら野菜や料理だけでなく、おばぁたちの生き様も表に引き出せると思いました。

こうして、1年間に渡って、12の食材と12人のおばぁを取材。一人の健康な長寿者を取り巻く、畑、食材、料理、食生活をひとつにつないで、世の中に紹介することができました。

おばぁたちとの楽しい交流。右は刈ったススキを運ぶ平良マツさん（36ページ）。平良澄子さん（左、40ページ）は、店で使うサクナ（ボタンボウフウ）をいつも届けてくれてお世話になりました

その後も、ライフワークとしておばぁたちの経験を聞き取る活動を続けました。その一部は『百年の食卓　おばぁとおじぃの暮らしとごはん』（手手編集室）、雑誌「季刊 うかたま」（農山漁村文化協会）の連載「おばぁの昼ごはん」になり、あらためて本書の1章にまとめています。この活動は、お店をオープンするときと同じように、「地元の栄養士である私」がやらなければと使命感を感じて取り組みました。同じ方言を使い、「笑子」「セツおばぁ」などと名前で呼び合える私だからこそ、おばぁたちの言葉を引き出すことができると思ったからです。

そして一緒に数々の取材を経験する中で、私とおばぁたちの間に変化が生まれます。あのとき、公務員の仕事を辞めてまでお店をオープンさせることに納得していない様子だったおばぁたちが、理解を示してくれるようになったのです。というのは、取材班は私にもいろいろな質問をしますから、それに対する私の答えを聞くことで、私の考えていたことがすんなりわかったようなのです。「笑子、あんたはこういうことをしたかったのね」「あんたが来てよかったよ」と言ってくれました。逆に私も、取材によって初めて知るおばぁたちの気持ちがありました。私たちはようやくお互いの本心がわかり、さらに理解し合えるようになったのでした。本当に、よかった、よかった。

大宜味村の今とこれから

令和5年、大宜味村で暮らして46年、笑味の店を開いて33年が経ちます。その間に、大宜味

玉城深福さん（32ページ）のみかん山でのひとこま。笑味の店では、今も深福さんが大切に育てた木のシークヮーサーを仕入れ、お客様に提供しています

村の様子も変わってきています。

今も90歳、100歳と長寿の方は多くいらっしゃるけれども、全体的には畑や自給菜園に関わる人は少なくなってきました。今の70代から下の世代は、もともと畑仕事をしていない人たちが多いのです。やる人がいなくなった畑の土地を周りで続けている人が借りて使う、というようにして、畑自体は動かしているような感じです。店の前の畑は、かつては十数名の高齢者が畑をしていて、朝夕はにぎやかなものでした。今は数名になり、私が一番広く使っています。

山川東軒《やまかわとうけん》さんは、私の畑と人生の大先輩です。現在95歳。畑も笑味の店の畑と隣り合わせなので、野菜や苗、種も譲り合い、ときには商談もします。なんでも教えてくれる東軒先生(元学校教諭)は、毎日畑に出るのが楽しい、触れ合う仲間も待っている、長生きのもとだと言い、花が咲いたり実がついたりという野菜の成長を楽しみにしています。最近は歩くのが大変になってきたようですが、一輪車に支えられて通うため、良い運動になっているそう。「耕運機や草刈機を助っ人に、動けるまでは続けたい」と語ります。

食卓の野菜は自分でつくるもので間に合っており、奥さんの絹枝さんは「種類が豊富なのでとても助かる」と喜んでいるそうです。「自分で育てたものは、料理してもおいしいね」と笑顔の東軒さん。そのほころんだ口元から見える歯も健康そのもの(18本残っています)。

東軒さんの畑は全部で500坪くらい。そこに季節の野菜と一緒に多くの芋類が植えられています(さつま芋、里芋、キャッサバ、ハワイマーム……)。収穫したものは無駄にせず、野

山川東軒さんの畑と笑味の店の畑は隣り同士。向こうに見えるピンクの花は、東軒さんが育てたグラジオラスです。店でも仕入れ、水をたっぷり張った器に浮かべて飾ったり、お客様に販売もしています

菜は茹で、芋は煮潰した状態でボックスタイプの冷凍庫にストックしており、付き合いのある人にあげては喜ばれています。畑作業を記録してある大学ノートには、植え付けや追肥、収穫の時期を一覧表にしてあり、時々、少ない収入と年金から出費される肥料代も記載します（シークヮーサーを栽培していたときの収入は大きかったと言います）。堆肥づくりも欠かさず、畑の一角に収穫後のキャベツやブロッコリー、桑の葉、落ち葉、ネムの枝葉、鶏糞に残飯などを集めて置いておきます。雨の降る日は、畑作業の計画を立てる日。やることの尽きない日々です。年齢を忘れるほどの前向きさを感じます。

毎月旧暦の1日と15日、両親の命日には本家の仏壇に家族の健康を祈ることも忘れません。東軒さんは、心と身体のバランスが取れた生活を送ることの大切さを教えてくれるのです。

さて、笑味の店はどうかというと、私としては、もう目標の70％くらいまでは達していると思っています。それは、ここ数年で若いお客様が多くなったからです。しかも、料理を食べながら「この赤いのはなんですか？」など食材に興味を持ち、「畑も見ていいですか？」と畑見学までしていきます。

移住が注目され、自然の中で子育てをしたいという人が増え、自給菜園が贅沢でおしゃれなスタイルとして受け止められる。そんなふうに世の中が変わってきて、つくって食べるということが見直されているのでしょう。伝統食材や伝統料理を次の世代につなぐことが私の一番の目標ですから、魅力を感じてくれる若い人が増えるのは、本当に嬉しいのです。

これから笑味の店の目標を100％達成するためにはどうするか、考えていることのひとつをお話しします。今お店では、お客様とゆっくり触れ合ったり、畑を案内して実際に食材を見てもらったりという体験を大切にしているところです。また、食品ロスを減らし、畑時間を大切にしたいという思いがあり、数年前から「週４日営業・完全予約制」。予約を受け入れきれずにお断りすることがあります。そこを改善して、充足率を上げることを考え、笑味の店の畑の山の手の海が見える場所を、お弁当を食べられるように整備しました。さらに、料理したものを食べるだけでなく、自分で摘んだイーチョーバー（ウイキョウ）や月桃、カラキ（琉球シナモン）をお茶にして飲むなど、実際に畑で育っている素材に触れる機会をつくれるよう、準備をしています。やはり、もっともっと畑そのものの魅力も普及させていかないと、各家庭の料理にその食材は入り込んでいかないと思うのです。

大宜味のおばぁたちが畑仕事を続けてきたのは、もちろん最初は食べるために必要だったからでしょう。でも、90歳になっても100歳になっても、朝夕欠かさず畑に出かけるのは、それが癒しの時間だからだと思うのです。大変だけれど育てるうちに気持ちが通じて、実ったら嬉しいし、収穫して料理すれば、食べるのが余計に楽しくなる。畑の中は楽園です。

おばぁたちを見ていると、「年齢を忘れてるよね？」と感じることがあります。あるおばぁに「なんでこんなに元気なの？」と尋ねると、おばぁはこう言いました。

「毎日することがあるから、よく身体を動かしているからだよー」

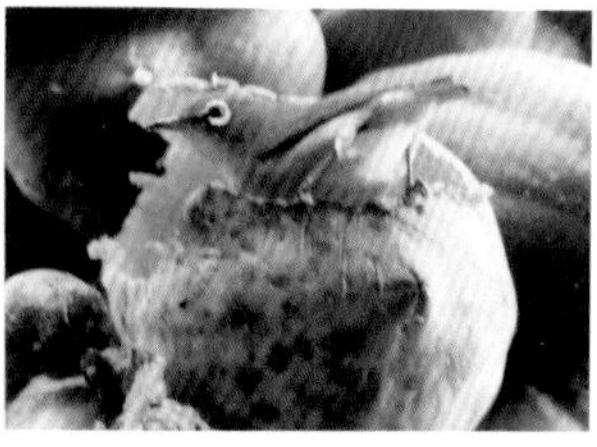

あるとき畑でふと空を見上げると、熟したパパヤーをついばむメジロの姿。あわててカメラを取りに帰り、写真に収めることに成功！ 畑にいると日々いろんな出会いがあります。自然は一日として同じ日がないのです

私も同じく取材のたびに、「大宜味村の長寿の秘訣は？」と問われます。いろいろな要因が考えられますが、「毎日することがあって、したいことがあることよ」と答えています。

最後に

沖縄に限らず、どの土地にも昔からそこに根付いていた食材や、その土地なりの工夫をこらした郷土の料理があると思います。ですが、すぐ足元にあるからこそ、それが宝物だとはなかなか気付けないかもしれません。身近に畑上手や料理上手なお年寄りがいれば、私のように訪ねてお話を聞いてもいいでしょう。もしそれがかなわないなら、外から来た人や一度外に出た人、世代の違う人たちの目線で、見付けてもらうこともできると思います。

環境はどんどん変わっていきます。見えないものがなくなっても、気付くことはないでしょう。まず見付けること、そしてその価値をみんなで分け合い、生かしていくこと。それができれば、まだまだ自然は、私たちに宝物を贈り続けてくれると思っています。

この本がみなさんの足元にある宝物を見付けるヒントになれば幸いです。

最後に、取材に登場していただいた方々とそのご家族に、心から感謝を申し上げます。

「笑味《えみ》の店」

沖縄県国頭郡大宜味村字大兼久 61
電話　0980-44-3220、FAX　0980-44-3228
https://eminomise.com/
Instagram：@eminomise

笑味の店で提供している主なメニューで、その時期にとれる食材を使って仕上げる「長寿膳」（右）と、それをコンパクトにしたランチの「まかちくみそーれ」。島野菜には独特の香りや苦味を感じるものもありますが、旬のものは栄養価が高く、身体も気持ちも健やかに導いてくれます

金城笑子　きんじょう えみこ

「笑味の店」店主、管理栄養士

昭和 23（1948）年　沖縄県本部町備瀬に生まれ、名護市で育つ
昭和 44（1969）年　女子栄養短期大学卒業
昭和 48（1973）年　学校栄養職員に採用される
平成 2（1990）年　沖縄県・大宜味村に
沖縄の家庭料理の店「笑味の店」オープン
平成 10（1998）年　沖縄県生活指導士認定。
農林水産省提唱 全国食文化交流プラザ
新食生活コンクール
富山県実行委員会会長賞受賞
平成 11（1999）年　「食アメニティ・コンテスト」にて
国土庁長官賞受賞
平成 13（2001）年　「沖縄国際長寿会議」に伝統料理出展
平成 19（2007）年　「シークヮーサー搾汁残渣物」
抽出方法等で特許取得
平成 20（2008）年　「笑味の店」が「立ち上がる農山漁村」に
選定（農林水産省）。
大宜味村制施行 100 周年
特別産業経済功労者として表彰
平成 23（2011）年　「沖縄タイムス」地域貢献賞受賞。
地域づくり総務大臣表彰 優秀賞受賞
令和 3（2021）年　「シークヮーサー乳化組成物」の
製造方法で共同特許取得
現在、沖縄県名誉生活指導士。大宜味村シークヮーサー産地振興協議会会員

＊本書の 1 章（p.9 ～ 100）は下記の記事をもとに再構成しています

『百年の食卓　おばぁとおじぃの暮らしとごはん』（発行：手手編集室）2013 年
聞き取り・監修　金城笑子
文・編集　黒川祐子（アイデアにんべん）
編集・広告　黒川真也（アイデアにんべん）
写真　田村ハーコ

「季刊 うかたま」（発行：農山漁村文化協会）2015 ～ 2017 年連載
「沖縄・大宜味村 おばぁの昼ごはん」
取材　金城笑子
取材・文　黒川祐子（アイデアにんべん）
写真　田村ハーコ
編集　しまざきみさこ

＊本書で紹介した料理や調理方法、食材の名前、また地域独自の言葉やエピソードは、本書の著者および取材にご協力いただいた皆さん自身がそれぞれ見聞きし、経験してきたことをもとにまとめています。そのため、一般的な表記等とは異なる場合があります。

撮影　田村ハーコ
デザイン　三上祥子（Vaa）
企画・構成　しまざきみさこ
執筆・編集協力　黒川祐子（１章）、大島佳子（２章・３章）
進行　大庭久実（グラフィック社）

おばぁたちの台所

やんばるでつないできた 食と暮らしと言葉の記録

2023年6月25日　初版第1刷発行

著　者　金《きん》城《じょう》笑《えみ》子《こ》
発行者　西川正伸
発行所　株式会社 グラフィック社
〒102-0073　東京都千代田区九段北1-14-17
TEL　03-3263-4318　FAX　03-3263-5297
http://www.graphicsha.co.jp
振替　00130-6-114345
印刷・製本　図書印刷株式会社

ISBN978-4-7661-3774-3 C2077